木下聡編

豊臣期武家口宣案集

東京堂出版

序

本書は、豊臣期の口宣案を集成した書である。時期的には、本能寺の変が起きた天正十年（一五八二）六月から、豊臣氏が滅亡した元和元年（一六一五）五月までを便宜的に対象とし、全部で約五四〇通を収録している。

口宣案は、初期の本来のものはともかく、中世後期においては叙任の際に作成される文書として機能し、特に武士においては、除目や叙位の儀式を経なくとも、口宣案のみによって叙任が成立するようになっている。

この口宣案は、現在様々な家の伝来文書中に残されているが、それでも本来出された数に比すればかなり少ない。出された口宣案の全貌を知るよすがとして注目されるのが、いわゆる符案と呼ばれる史料である。

符案とは、朝廷で職事を務めた者が書き留めた文書案文集のことで、中世後期の符案は、末柄豊氏によってほとんどが網羅されている（末柄豊『室町・戦国期の符案に関する基礎的研究』科学研究費補助金基盤研究成果報告書、二〇〇六年）。

本書においても、そうした符案から多くの口宣案を採録している。具体的には、「晴豊公御記」・「光豊公口宣案」・「勧修寺家旧蔵記録一三七」・「経遠口宣案」・「柳原家記録資勝卿符案」・「柳原家記録総光卿符案」・「柳原家記録光慶卿符案」・「兼賢公符案并御教書」である。「久我家文書」所収の文書群も同様な性格を持つ。以下ではこれらの符案について略述する。

「晴豊公御記」・「光豊公口宣案」は、「勧修寺家旧蔵記録一三七」の中にある史料で、数が多いので、特に別に掲げている。この「勧修寺家旧蔵記録一三七」は、京都大学総合博物館所蔵「勧修寺家旧蔵記録」のうち、東京大学史料編纂所架蔵写真帳の第一三七冊のことである。

この写真帳冊には、天正十七年から十九年の間に勧修寺光豊が職事として関わった口宣案を書き留めた「光豊公口宣案」、光豊自身へ出された口宣案、天正十七年から文禄三年（一五九四）までの綸旨・口宣などを書き留めた「光豊卿宣旨綸旨案之写」、徳川家康が段階を経て昇進したように見せかけるために、後に作成された口宣案群と関連文書の写を記した「晴豊公御記」があり、その他には、明応五年（一四九六）から文亀二年（一五〇二）の「住持職勅裁案」、晴豊が関わった住吉社神主叙任口宣案を記す「住吉社神主官位昇進」、晴豊の遊行上人関連文書である「遊行記之事」、内侍所御神楽に関わる勧修寺尚顕の「内侍所御教書案」、慶長二年（一五九七）の口宣案を記す「官位」、慶長五年の徳川秀忠任大納言に関する「書状之案」などがある。つまりは、勧修寺晴豊・光豊の手によって作成された史料でほぼ構成されている。

「資勝卿符案」・「総光卿符案」・「光慶卿符案」・「兼賢公符案并御教書」は、いずれも公家の柳原家の記録である「柳原家記録」内にある史料で、本書では史料編纂所の謄写本で確認している。筆者の資勝・総光・光慶・兼賢は、日野資勝・広橋総光・日野光慶・広橋兼賢である。

「資勝卿符案」は、天正十八年から慶長四年と、慶長十六年から寛永九年（一六三二）までの、「総光卿符案」は、慶長元年から十四年までの、そして「光慶卿符案」は、慶長十八・十九年の、「兼賢公符案并御教書」は慶長十六年から元和五年までの符案をそれぞれ収めており、本書では冒頭で述べた該当期間内の口宣案を採録している。

「経遠口宣案」は、甘露寺経遠が自身が職事として発給に関わった、天正十七年十二月から慶長七年五月までの口宣案を書き留めた書で、現在国立公文書館内閣文庫に写本がある。従来の研究では、ほとんど使われていなかった史料である。『弁官補任』によれば、経遠は天正十四年十一月四日に権右少弁となり、慶長七年七月に死去している。天正十七年に経遠はようやく十四歳なので、それまでは弁官としての職務はほとんどしておらず、「経遠口宣案」は、経遠が作成に関わった口宣案をほぼ収めていると見てよいだろう。

一方、「久我家文書」所収の口宣案は、上述の史料群と大きく異なる部分がある。それは職事ではなく、上卿側が残した史料という点である。すなわち、久我大納言（敦通）が上卿を務めた口宣案が書き留められている。そのため上卿の部分は省略されている。例えば「久我家文書」に見える文禄五年五月十二日付阿部正勝宛口宣案は、「経遠口宣案」にもあるため（二八六〜二八九号）、省略されている上卿が久我大納言（敦通）であることがわかるのである。「久我家文書」では、天正二十年正月から慶長三年四月までの口宣案を記している。実際にはそれ以前に敦通が上卿を務めた口宣案もあれば、以後に上卿を務めた口宣案もあるので、なぜこの時期の部分が書き留められたのか不明であり、後考を俟ちたい。なお敦通は、慶長四年六月に勅勘を蒙っており、これ以後は口宣案の上卿としては見えなくなる。

ところで、周知のように弁官は左右の大・中・少弁がおり、時に権官もいるので、最低限六人いる。本書で用いた符案は、「久我家文書」以外一部の弁官の手になるものであり、本来の口宣案は本書収録の数倍はあったはずで、現在知り得ない多くの叙任が実際にはなされていた。

侍従に任官する公家成や、それより上の少将・中将、あるいは参議以上への任官は、公家側も特筆すべき事柄として日記に記述することが多く、他にも文書の署名・宛所などの変化から、事例のおおよそは判明している。しかし従五位下への叙位と何らかの官途への任官が同時に行われる諸大夫成に関しては、相当数が未確認である。これは何故かというと、それまで私称していた官途と、諸大夫成で任じられた官途が同じであることが多く、正式に叙任を受けたものなのか、受けたとしてもそれがいつなのかが判別できないからである。また、諸大夫成したことが分かっていても、苗字が不明でそれが誰であるか判別できない人物が本書でも多くいる。

「経遠口宣案」は、武家の叙任に関わって作成された口宣案の割合が多く、そのほとんどに叙任された者が誰であるかの苗字の注記がなされている。口宣案に記される名は、本姓で記され、特に「経遠口宣案」の収録範囲は、関ヶ原の合戦までに叙任された武士の名が、全て「豊臣」姓で記されているため、誰であるか判別するのが難しい。本書で使用している他の符案でも、苗字が記されることはあるが、全てに付されているわけでないので、他の史料と校合して人物比定をする必要がある。また実名が、系図などにあるものと異なっていることにも留意しなければならない。

これらの問題は、豊臣時代の政治研究が、公武関係や権力機構、武家官位制などについて近年深められている一方で、秀吉及び秀次家臣団の研究が、織田信長や後北条・武田家臣団と比して全く進んでいないことによる部分が大きい。今後の研究の進展により、人名が確定されることを期待したい。

なお本書巻末には、天正十年から慶長五年までの、古記録・文書より確定できる従五位下以上の人物を、年毎に一覧にした表を掲載しているので、あわせて参照いただきたい。

二〇一七年八月　　　　木下　聡

目次

凡　例

一、本書は、豊臣期口宣案集として、天正十年（一五八二）六月から元和元年（一六一五）五月までに確認される口宣案五四〇通を収録した。
一、原則として武士に対する口宣案を採録するが、羽柴秀吉に仕えた医師なども併せて採録している。
一、現存する口宣案は、端裏に「口宣案」と記すことが多いが、本書では省略した。
一、文書の配列は編年によった。また関連する文書を適宜参考として入れた。
一、符案より採録した口宣案は、割注も含め、原則として原史料の表記に従った。省略を示す傍線の長さは、省略した文章の量に比例するようにした。
一、現在発給された口宣案の形で確認できるものは（写も含め）、符案に掲載されていても内容が同じであればそれは省略した。異なる符案に同じ口宣案が記されている場合、基本的にはどちらか片方を採用している。
一、出典については、原史料あるいは写真帳・影写本・謄写本・写本に当たれず、刊本から孫引きしたものは、刊本名を『　』で示した。
一、比定した人名は、文書名に記した。また各口宣案についての注記は、受給者の立場に関する部分は初出にのみ記し、古記録などで関連する記述がある場合、あるいは口宣案が後に作成されたものである場合は、逐次記している。
一、文字表記は原則常用漢字に改めている。文字の欠損・欠落・省略や誤字については、□や（　）傍注で補った。

豊臣期武家口宣案集

天正十年（西紀一五八二）

○一　羽柴秀吉宛口宣案　○足守木下家文書

上卿　甘露寺大納言（経元）

天正十年十月三日　宣旨

平秀吉

宜令叙従五位下

蔵人頭左近衛権中将藤原慶親（中山）奉

○後世の遡及作。段階を踏んで昇進したように見せるために作成された。

○二　羽柴秀吉宛口宣案　○足守木下家文書

上卿　甘露寺大納言（経元）

天正十年十月三日　宣旨

従五位下平秀吉

宜令任左近衛権少将

蔵人頭左近衛権中将藤原慶親（中山）奉

○後世の遡及作。段階を踏んで昇進したように見せるために作成された。秀吉が少将に任官したことは、『兼見卿記』天正十二年十月二日条、『言経卿記』天正十二年十月四日条に見える。

天正十一年（西紀一五八三）

○三　上杉景勝宛口宣案　○京大勧修寺家文書古文書巻子

上卿　甘露寺大納言（経元）

天正十一年三月十一日　宣旨

従五位上藤原景勝

宣叙正五位下

蔵人左少弁藤原（万里小路）充房奉

○後世の遡及作。段階を踏んで昇進したように見せるために作成された。上杉景勝は、越後の大名で上杉謙信の養子。

○四　羽柴秀吉宛口宣案　○足守木下家文書

上卿　甘露寺大納言（経元）

天正十一年五月廿二日　宣旨

従五位下平秀吉

宣令叙従四位下

蔵人頭左近衛権中将藤原（中山）慶親奉

○後世の遡及作。段階を踏んで昇進したように見せるために作成された。

○五　羽柴秀吉宛口宣案　○足守木下家文書

上卿　甘露寺大納言（経元）

天正十一年五月廿二日　宣旨

左近衛権少将平秀吉

宣令任参議

蔵人頭左近衛権中将藤原（中山）慶親奉

○後世の遡及作。段階を踏んで昇進したように見せるために作成された。

○六　徳川家康宛口宣案　○晴豊公御記

上卿　水無瀬中納言（兼成）

天正十一年十月五日　宣旨

正四位下藤原家康朝臣

宜令叙正四位上

蔵人頭左近衛権中将藤原（中山）慶親奉

○後世の遡及作。段階を踏んで昇進したように見せるために作成された。

○七　徳川家康宛口宣案　○日光東照宮文書

口　宣案

上卿　飛鳥井大納言（雅春）

天正十一年十月五日　宣旨

従四位上源家康朝臣

宜令叙正四位下

蔵人頭左近衛権中将藤原（中山）慶親奉

○後世の作。日光東照宮文書は以後の文書も含めて、いずれも「藤原」姓を「源」姓に改めて慶長七年以降に作成されたと見られる。『徳川実紀』東照宮御実紀巻三で叙されたとある。

○八　徳川家康宛口宣案　○晴豊公御記

上（卿）　甘露寺大納言（経元）

天正十一年十月七日　宣旨

天正十一年（一五八三）

右近衛権少将藤原家康朝臣
宜任中将
蔵人頭右中弁藤原（万里小路）充房奉

○後世の遡及作。段階を踏んで昇進したように見せるために作成された。『徳川実紀』東照宮御実紀巻三で任じられたとある。

○九　徳川家康宛口宣案　○日光東照宮文書

口　宣案
上卿　甘露寺（経元）大納言
天正十一年十月七日　宣旨
右近衛権少将源家康朝臣
宜転任左近衛権中将
蔵人頭左中弁藤原充房奉弁藤原（万里小路）充房奉

○後世の作。

天正十二年（西紀一五八四）

○一〇　徳川家康宛口宣案　○晴豊公御記

上（卿）　甘露寺（経元）大納言

天正十二年二月廿七日　宣旨

正四位下藤原家康朝臣

宜叙従三位

蔵人頭右中弁藤原（万里小路）充房奉

○後世の遡及作。段階を踏んで昇進したように見せるために作成された。『徳川実紀』東照宮御実紀巻二で叙されたとある。

○一一　徳川家康宛口宣案　○日光東照宮文書

口　宣案

上卿　甘露寺（経元）大納言

天正十二年二月廿七日　宣旨

正四位下源家康朝臣

宜叙従三位

蔵人頭左中弁藤原（万里小路）充房奉

○後世の作。

○一二　徳川家康宛口宣案　○晴豊公御記

上（卿）　甘露寺（経元）大納言

天正十二年二月廿七日　宣旨

左近衛権中将藤原家康朝臣

宣任参議

蔵人頭右中弁藤原（万里小路）充房奉

○後世の遡及作。段階を踏んで昇進したように見せるために作成された。『徳川実紀』東照宮御実紀巻三で任じられたとある。

○一三　徳川家康宛口宣案　○日光東照宮文書

口　宣案

上卿　甘露寺（経元）大納言

天正十二年二月廿七日　宣旨

左近衛権中将源家康朝臣

宣任参議

蔵人頭左中弁藤原（万里小路）充房奉

○後世の作。

○一四　井伊直政宛口宣案　○中村不能斎編『井伊直政・直孝』

上卿　四辻（公遠）大納言

天正十二年二月廿七日　宣旨

兵部太輔藤原直政

宣任修理大夫

蔵人頭左近衛権中将藤原（中山）慶親奉

○後世の遡及作か。徳川家康家臣。

○一五　井伊直政宛口宣案　○晴豊公御記

上卿　四辻（公遠）大納言

天正十二年二月廿七日　宣旨

左衛門少尉藤原直政

宣令任修理大夫

蔵人頭左近衛権中将藤原（中山）慶親奉

○後世の遡及作か。

○一六　藤原長頼宛口宣案　○晴豊公御記

上卿　源中納言（庭田重通）

天正十二年二月廿七日　宣旨

藤原長頼

宜任兵庫頭

蔵人左少弁藤原（中御門）宣光奉

○人物不詳。公家の青侍か。

○一七　羽柴秀吉宛口宣案　○足守木下家文書

上卿　甘露寺大納言（経元）

天正十二年十一月廿一日　宣旨

従四位下平秀吉朝臣

宜令叙従三位

蔵人頭左近衛権中将藤原（中山）慶親奉

○秀吉の三位昇進は、『兼見卿記』・『言経卿記』天正十二年十一月二十一日条に見える。

○一八　羽柴秀吉宛口宣案　○足守木下家文書

上卿　甘露寺大納言（経元）

天正十二年十一月廿一日　宣旨

参議平秀吉朝臣

宣令任権大納言

蔵人頭左近衛権中将藤原（中山）慶親奉

○秀吉の権大納言昇進は、『兼見卿記』・『言経卿記』天正十二年十一月二十二日条に見える。

天正十三年（西紀一五八五）

○一九　施薬院秀隆宛口宣案　○施薬院文書

上卿　甘露寺（経元）大納言

天正十三年三月十日　宣旨

藤原秀隆

宣令叙従五位下

蔵人頭左近衛権中将藤原（中山）慶親奉

○秀吉の側近である施薬院全宗の子。実際に従五位下に叙されたのは天正十四年正月。三六号文書参照。

○二〇　施薬院秀隆宛口宣案　○施薬院文書

上卿　甘露寺（経元）大納言

天正十三年三月十日　宣旨

従五位下藤原秀隆

宣令任施薬院使主典

蔵人頭左近衛権中将藤原（中山）慶親奉

○二一　施薬院秀隆宛口宣案　○施薬院文書

上卿　甘露寺（経元）大納言

天正十三年三月十日　宣旨

丹波秀隆

宣令叙従五位下

蔵人頭左近衛権中将藤原（中山）慶親奉

○「丹波」姓にするために後に作られたか。

○二二　伊達政宗宛口宣案　○伊達家文書

上卿　水無瀬（兼成）中納言

天正十三年三月廿日　宣旨

正宗朝臣

宣叙美作守

蔵人左中弁藤原（万里小路）充房奉

○奥羽伊達氏。政宗はこの口宣案を返上し、百数十年後に伊達家に入った。

一二三　津田重長宛口宣案　○津田文書

上卿　日野大納言（柳原淳光）

天正十三年七月十三日　宣旨

平重長

宜叙従五位下

蔵人左少弁藤原宣光（中御門）奉

○羽柴秀吉家臣。秀吉関白就任に伴う叙任。

一二四　津田重長宛口宣案　○津田文書

上卿　日野大納言（柳原淳光）

天正十三年七月十三日　宣旨

従五位下平重長

宜任大炊頭

蔵人左少弁藤原宣光（中御門）奉

一二五　福島正則宛口宣案　○書肆渡辺氏待賈文書

上卿　日野大納言（柳原淳光）

天正十三年七月十六日　宣旨

従五位下平正則

宜任左衛門大夫

蔵人左少弁藤原宣光（中御門）奉

○羽柴秀吉家臣。秀吉関白就任に伴う叙任。

一二六　稲葉典通宛口宣案　○豊後臼杵稲葉文書

上卿　日野大納言（柳原淳光）

天正十三年十月六日　宣旨
豊臣典通
宜叙従五位下
蔵人左少弁藤原（中御門）宣光奉
○羽柴秀吉家臣。稲葉貞通子。

○二七　稲葉典通宛口宣案

○豊後臼杵稲葉文書

上卿　日野（柳原淳光）大納言
天正十三年十月六日　宣旨
従五位下豊臣典通
宜任侍従
蔵人左少弁藤原（中御門）宣光奉

○二八　片桐且元宛口宣案

○成簣堂古文書片桐文書

上卿　四辻（公遠）大納言
天正十三年十月六日　宣旨
豊臣直盛
宜叙従五位下
蔵人頭左中弁藤原（万里小路）充房奉
○羽柴秀吉家臣。

○二九　片桐且元宛口宣案

○成簣堂古文書片桐文書

上卿　四辻（公遠）大納言
天正十三年十月六日　宣旨
従五位下豊臣直盛
宜任東市正

天正十三年（一五八五）

蔵人頭左中弁藤原（万里小路）充房奉

○二三〇　森忠政宛口宣案　○森家先代実録

上卿　柳原（淳光）大納言

天正十三年十月六日　宣旨

豊臣一重

宣叙従五位下

蔵人左少弁藤原（中御門）宣光奉

○羽柴秀吉家臣、森可成子。

○二三一　森忠政宛口宣案　○森家先代実録

上卿　柳原（淳光）大納言

天正十三年十月六日　宣旨

従五位下豊臣一重

宣任右近丞

蔵人左少弁藤原（中御門）宣光奉

○二三二　沢井雄重宛口宣案　○沢井文書

上卿　四辻（公遠）大納言

天正十三年十月六日　宣旨

豊臣雄重

宣叙従五位下

蔵人頭左中弁藤原（万里小路）充房奉

○織田信雄家臣。信雄諸大夫としての叙任か。

○三三　沢井雄重宛口宣案　○沢井文書

上卿　四辻《公遠》大納言

天正十三年十月六日　宣旨

従五位下豊臣雄重

宜任修理亮

蔵人頭左中弁藤原《万里小路》充房奉

○三四　細川藤孝宛口宣案　○細川家記

上卿　持明院中納言基孝

天正十三年十月六日　宣旨

玄旨

宜令叙法印

蔵人頭左近衛権中将藤原中山慶親奉

○元室町幕府奉公衆。後に織田信長に仕え、秀吉に属す。

天正十四年（西紀一五八六）

〇三五　施薬院秀隆宛口宣案　〇施薬院文書

上卿　四辻大納言（公遠）

天正十四年正月十一日　宣旨

施薬院主典丹波秀隆

宣令転使

蔵人頭左近衛権中将藤原（中山）慶親奉

〇「丹波」姓にするために後に作られたか。

〇三六　施薬院秀隆宛口宣案　〇施薬院文書

上卿　四辻大納言（公遠）

天正十四年正月十一日　宣旨

藤原秀隆

宣令叙従五位下

蔵人頭左近衛権中将藤原（中山）慶親奉

〇『お湯殿の上の日記』天正十四年正月十一日条に元服して叙爵したとある。

〇三七　施薬院秀隆宛口宣案　〇施薬院文書

上卿　四辻大納言（公遠）

天正十四年正月十一日　宣旨

従五位下丹波秀隆

宣令任施薬院使
蔵人頭左近衛権中将藤原（中山）慶親奉

○「丹波」姓にするために後に作られたか。

○三八　上杉景勝宛口宣案　○京大勧修寺家文書古文書巻子

上卿　四辻大納言（公遠）
天正十四年六月廿二日　宣旨
正五位下豊臣景勝
宜叙従四位下
蔵人頭左中弁藤原（万里小路）充房奉

○秀吉執奏により昇進したと『兼見卿記』天正十四年六月二十二日条にあり。

○三九　上杉景勝宛口宣案　○京大勧修寺家文書古文書巻子

上卿　四辻大納言（公遠）
天正十四年六月廿二日　宣旨
侍従豊臣景勝
宜任左近衛権少将
蔵人頭左中弁藤原（万里小路）充房奉

○公家になされたことが『お湯殿の上の日記』天正十四年六月二十二日条にあり。

○四〇　徳川家康宛口宣案　○日光東照宮文書

上卿　柳原大納言（淳光）
天正十四年十月四日　宣旨
参議源朝臣　家

宜任権中納言
蔵人頭左中弁藤原（万里小路）充房奉

○後世の作。中納言昇進自体は『公卿補任』により同日。『徳川実紀』東照宮御実紀巻三で任じられたとある。

○四一　徳川家康宛口宣案　○日光東照宮文書

上卿　四辻（公遠）大納言
天正十四年十一月五日　宣旨
従三位源朝臣家康
宜令叙正三位
蔵人頭左近衛権中将藤原（中山）慶親奉

○後世の作。正三位への昇進自体は『兼見卿記』天正十四年十一月五日条に見える。『徳川実紀』東照宮御実紀巻三で叙されたとある。

○四二　井伊直政宛口宣案　○中村不能斎編『井伊直政・直孝』

上卿　勧修寺（晴豊）大納言
天正十四年十一月廿三日　宣旨
豊臣直政
宜叙従五位下
蔵人頭左近衛権中将藤原（中山）慶親奉

○四三　宮部長熈宛口宣案　○宮部文書

上卿　中山（親綱）大納言
天正十四年十一月廿五日　宣旨
豊臣長熈
宜叙従五位下
蔵人右中弁藤原（中御門）宣光奉

○羽柴秀吉家臣。宮部継潤子。長房とも。

○四四　宮部長熈宛口宣案　○宮部文書

上卿　中山大納言（親綱）

天正十四年十一月廿五日　宣旨

従五位下豊臣長熈

宜任兵部少輔

蔵人右中弁藤原（中御門）宣光奉

天正十五年（西紀一五八七）

○四五　森忠政宛口宣案　○森家先代実録

上卿　勧修寺大納言（晴豊）

天正十五年二月六日　宣旨

豊臣忠政

宜令叙従五（四カ）位下

蔵人頭左近衛権中将藤原（中山）慶親奉

○『兼見卿記』天正十五年二月六日条に昇殿したことが見える。また「中山親綱卿記」同八日条には、横浜一庵が親綱を森忠政書出事で訪問し、上卿を勧修寺晴豊にして調え遣わされているので、ここで口宣案が作成されたのであろう。

○四六　森忠政宛口宣案　○森家先代実録

上卿　勧修寺大納言（晴豊）

天正十五年二月六日　宣旨

従五位下（四カ）豊臣忠政

宜令任侍従

蔵人頭左近衛権中将藤原慶親（中山）奉

○四七　水野忠重宛口宣案　○水野家文書

上卿　広橋中納言（兼勝）

天正十五年七月卅日　宣旨

豊臣忠重

宜叙従五位下

蔵人頭左中弁藤原充房（万里小路）奉

○織田信雄家臣。信雄失脚後秀吉に属す。『お湯殿の上の日記』天正十五年七月二十九日条に諸大夫成の記事あり。

○四八　水野忠重宛口宣案　○水野家文書

上卿　広橋中納言（兼勝）

天正十五年七月卅日　宣旨

従五位下豊（臣脱）忠重

宜任和泉守

蔵人頭左中弁藤原充房（万里小路）奉

○四九　徳川家康宛口宣案　○日光東照宮文書

口　宣案

上卿　勧修寺大納言（晴豊）

天正十五年八月八日　宣旨
権中納言源朝臣　家
宣令任権大納言
蔵人頭左近衛権中将藤原（中山）慶親奉

○後世の作。大納言昇進自体は『兼見卿記』天正十五年八月十二日条より確認できる。『徳川実紀』東照宮御実紀巻三で任じられたとある。

○五〇　徳川家康宛口宣案　○日光東照宮文書

口　宣案
上卿　勧修寺大納言（晴豊）
天正十五年八月八日　宣旨
正三位源朝臣　家
宣令叙従二位
蔵人頭左近衛権中将藤原（中山）慶親奉

天正十五年（一五八七）

○後世の作。『徳川実紀』東照宮御実紀巻三で叙されたとある。

○五一　徳川秀忠宛口宣案　○菊亭文書

上卿　今出川中納言（季持）
天正十八《五》年十二《八》月廿九《八》日　宣旨
従四《五》位下豊臣《源》秀忠朝臣
宣任侍従《少》
蔵人左中弁藤原（勧修寺）光豊奉

○徳川家康子。後の二代将軍。本来侍従となったのは『晴豊公記』天正十八年十二月二十九日条により、同日で、これは後世遡及したものか。『徳川実紀』東照宮御実紀巻三では天正十五年に任じられたとあるが、『徳川実紀』台徳院殿御実紀巻一では天正十八年に従四位下昇進と共に任じられたことが見える。

○参考一　旧記写　○中村不能斎編『井伊直政・直孝』

天正十五年八月十八日

木下　家定ナルベシ
　豊臣勝俊　肥後守貞男 実武田
池田伊予守
同　輝政　紀伊守信輝男
前田肥前守
同　利長　権大納言利家嫡男
織田河内守
平　長盛　備後守信秀男
織田上野介
平　信包　同
織田
同　信秀　右大臣信長公男
京極若狭守
　高次　長門守高吉男
井伊兵部少輔
藤原直政　肥後守直親男
森右近将監
豊臣忠政　三左衛門可成男
任侍従

○天正十五年に侍従に任官する人物を折紙に書き連ねたものを元にしたものと思われる。細字は文化二年四月に禁裏御所役方から入手した際にあったものか、その後に書き込まれたか定かでないが、天正当時のものではないのは確かである。

○五二　徳川家康宛口宣案　○日光東照宮文書

口　宣案

上卿　久我（敦通）大納言

天正十五年十二月廿八日　宣旨

権大納言源朝臣　家

宣令兼任左近衛大将

左近衛大将源朝臣

宜為左馬寮御監

蔵人頭左近衛権中将藤原（中山）慶親奉

○後世の作。この時家康が左大将・左馬寮御監となった事実は確認できない。『徳川実紀』東照宮御実紀巻四で任じられたとある。

天正十六年（西紀一五八八）

○五三　稲葉貞通宛口宣案　○豊後臼杵稲葉文書

上卿　中山（親綱）大納言

天正十六年正月五日　宣旨

藤原貞通

宜叙従五位下

蔵人頭左中弁藤原（万里小路）充房奉

○秀吉家臣。稲葉良通（一鉄）子。

○五四　稲葉貞通宛口宣案　○豊後臼杵稲葉文書

上卿　中山大納言（親綱）

天正十六年正月五日　宣旨

従五位下藤原貞通

宣任侍従

蔵人頭左中弁藤原（万里小路）充房奉

○侍従任官は『お湯殿の上の日記』天正十六年正月五日条に見える。

○五五　大友義統宛口宣案　○大友家文書

上卿　勧修寺大納言（晴豊）

天正十六年三月七日　宣旨

源義統

宣叙従五位下

蔵人頭右大弁藤原（万里小路）充房奉

○豊後大友義鎮（宗麟）子。義統はすでに天正七年十一月二十七日時点で従五位下であった（「大友家文書」所収正親町天皇口宣案）が、侍従任官に伴い改めて口宣案が出されたのであろう。

○五六　大友義統宛口宣案　○大友家文書録

上卿　勧修寺大納言（晴豊）

天正十六年三月七日　宣旨

従五位下源義統

宣任侍従

蔵人頭右大弁藤原（万里小路充房）光房奉

○義統の侍従任官は、『お湯殿の上の日記』天正十六年三月二日・七日条より確認できる。

○参考二　旧記写　○中村不能斎編『井伊直政・直孝』

天正十六年四月十一日
池田伊予守
豊臣輝政
前田肥前守
同　利長
織田河内守
平　長盛
織田上野介
平　信包
織田
平　信秀
京極若狭守
源　高次
井伊兵部少輔
藤原直政

森右近将監
豊臣忠政
筒井伊賀守
豊臣定次
大友豊後守
豊臣義統
稲葉右京亮
豊臣貞通
羽ナルベシ
丹波越前守
豊臣長重
長曽我部土佐守
豊臣元親
屋ナルベシ
蜂須賀出羽守
豊臣頼隆
毛利河内守

豊臣秀頼
細川越中守
源忠奥（興）
蒲生飛騨守
藤原氏郷
堀左衛門尉
豊臣秀政
長谷川
豊臣秀一
里見安房守
豊臣義康
羽柴
豊臣秀秋
以上廿一人、同日従四位下被叙候事

○里見義康が公家成をするのは天正十九年三月のことなので、「里見安房守」の部分は間違いなく後補である。あるいは斯波義康を里見と混同したか。さらに長宗我部元親はこの四月に従五位下侍従となり、堀秀政はこれより前に従四位下となっている。森忠政は確かに天正十六年四月に四位へ昇進しているが、井伊直政がこの時四位になったとは考えられない。ここで名が上がっている者は、天正十六年四月十五日付の連署起請文に名を連ねた者ばかりなので、それをそのまま転用して、直政が四位に昇進したと脚色したものであろう。それ故にこの写は、文化二年四月に禁裏御所役方から井伊家が入手した際に作成された可能性が高い。

○五七　某康継宛口宣案　○立入家記

上卿　勧修寺大納言（晴豊）
天正十六年四月十二日　宣旨
藤原康継
宜叙従五位下
蔵人右中弁藤原宣泰（中御門資胤）奉

○不明。武士ではない可能性が高い。

○五八　某康継宛口宣案　○立入家記

上卿　勧修寺大納言（晴豊）

天正十六年四月十二日　宣旨

従五位下藤原康継

宜任右京進

蔵人右中弁藤原宣泰（中御門資胤）奉

○五九　多賀秀種宛口宣案　○多賀文書

上卿　源中納言（庭田重通）

天正十六年四月十三日　宣旨

中原秀家

宜叙従五位下

蔵人左中弁藤原頼宣（葉室）奉

○堀秀政弟。この時は羽柴秀長家臣。『お湯殿の上の日記』天正十六年四月十三日条に記載される諸大夫成した者の一人。

○六〇　多賀秀種宛口宣案　○多賀文書

上卿　源中納言（庭田重通）

天正十六年四月十三日　宣旨

従五位下中原秀家

宜任出雲守

蔵人左中弁藤原頼宣（葉室）奉

○六一　高台院宛口宣案　○高台寺文書

上卿　勧修寺大納言（晴豊）

天正十六年四月十九日　宣旨

豊臣吉子

宣令叙従一位

蔵人頭左近衛権中将藤原（中山）慶親奉

○羽柴秀吉室。寧々。叙位されるにあたって夫秀吉の「吉」と「子」を組み合わせた名前を用いたもので、本来の名ではない。

○六二　島津義弘宛口宣案　○島津家文書

上卿　勧修寺大納言（晴豊）

天正十六年六月十五日　宣旨

藤原義弘

宣叙従五位下

蔵人頭右大弁藤原（万里小路）充房奉

○薩摩島津氏。貴久子、義久弟。

○六三　島津義弘宛口宣案　○島津家文書

上卿　勧修寺大納言（晴豊）

天正十六年六月十五日　宣旨

従五位下藤原義弘

宣任侍従

蔵人頭右大弁藤原（万里小路）充房奉

○六四　立花宗茂宛口宣案　○立花家文書

上卿　久我大納言（敦通）

天正十六年七月五日　宣旨

豊臣統虎

宣叙従五位下

蔵人左中弁藤原（葉室）頼宣奉

○元大友氏家臣、秀吉直臣となる。

○六五　龍造寺政家宛口宣案　○龍造寺文書

上卿　中山大納言(親綱)

天正十六年七月六日　宣旨

豊臣政家

宜令叙従五位下

蔵人頭左近衛権中将藤原(中山)慶親奉

○肥前龍造寺氏。隆信子。

○六六　龍造寺政家宛口宣案　○龍造寺文書

上卿　中山大納言(親綱)

天正十六年七月六日　宣旨

従五位下豊臣政家

宜令任侍従

蔵人頭左近衛権中将藤原(中山)慶親奉

○六七　毛利輝元宛口宣案　○毛利家文書

上卿　中山大納言(親綱)

天正十六年七月廿五日　宣旨

従四位下豊臣輝元

宜任侍従

蔵人頭右大弁藤原(万里小路)充房奉

○安芸毛利氏。隆元子。『お湯殿の上の日記』天正十六年七月二十五日条に公家成・四品となったことが見える。

○六八　毛利輝元宛口宣案　○毛利家文書

上卿　勧修寺大納言（晴豊）

天正十六年七月廿五日　宣旨

従四位下豊臣輝元

宜令任参議

蔵人頭左近衛権中将藤原（中山）慶親奉

○侍従昇進後に、同日に参議昇進。

○六九　小早川隆景宛口宣案　○小早川家文書

上卿　勧修寺大納言（晴豊）

天正十六年七月廿五日　宣旨

豊臣隆景

宜令叙従五位下

蔵人頭左近衛権中将藤原（中山）慶親奉

○安芸小早川氏。毛利元就三男。『お湯殿の上の日記』天正十六年七月二十五日条に公家成・四品となったことが見える。おそらく同日に従四位下へとさらに昇進させる口宣案が本来存在していたと思われる。

○七〇　小早川隆景宛口宣案　○小早川家文書

上卿　勧修寺大納言（晴豊）

天正十六年七月廿五日　宣旨

従五位下豊臣隆景

宜令任侍従

蔵人頭左近衛権中将藤原（中山）慶親奉

○七一　吉川広家宛口宣案　○吉川家文書

上卿　中山大納言（親綱）

天正十六年七月廿五日　宣旨

従五位下豊臣広家

宜令叙従四位下

蔵人頭左近衛権中将藤原（中山）慶親奉

○安芸吉川氏。元春子。『お湯殿の上の日記』天正十六年七月二十五日条に公家成・四品となったことが見える。ただし昇進による朝廷への御礼進上は、『お湯殿の上の日記』天正十六年七月二十八日条に見える。本来は二十五日は従五位下・侍従のみであったか。

○七二　島津義弘宛口宣案　○島津家文書

上卿　久我大納言（敦通）

天正十六年七月廿六日　宣旨

従五位下豊臣義弘

宜叙従四位下

蔵人左中弁藤原（葉室）頼宣奉

○昇進による朝廷への御礼進上が、『お湯殿の上の日記』天正十六年七月二十八日条に見える。

○七三　粟屋元貞宛口宣案　○萩藩閥閲録巻九

上卿　西園寺大納言（実益）

天正十六年七月廿六日　宣旨

豊臣元貞

宜令叙従五位下

蔵人頭左近衛権中将藤原（中山）慶親奉

○毛利輝元家臣。輝元参議昇進に伴う諸大夫成。『お湯殿の上の日記』天正十六年七月二十九日条で諸大夫成した七人の一人か。

○七四　粟屋元貞宛口宣案　○萩藩閥閲録巻九

上卿　西園寺（実益）大納言

天正十六年七月廿六日　宣旨

従五位下豊臣元貞

宜令任右近大夫

蔵人頭左近衛権中将藤原（中山）慶親奉

○七五　堅田元慶宛口宣案　○山口県文書館村上家文書

上卿　烏丸（光宣）大納言

天正十六年七月廿六日　宣旨

豊臣元慶

宜叙従五位下

蔵人右中弁藤原（中御門資胤）宣泰奉

○毛利輝元家臣。輝元参議昇進に伴う諸大夫成。『お湯殿の上の日記』天正十六年七月二十九日条で諸大夫成した七人の一人か。

○七六　堅田元慶宛口宣案　○山口県文書館村上家文書

上卿　烏丸（光宣）大納言

天正十六年七月廿六日　宣旨

従五位下豊臣元慶

宜任兵部少輔

蔵人右中弁藤原（中御門資胤）宣泰奉

○七七　渡辺長宛口宣案　○萩藩閥閲録巻二八

上卿　日野大納言（輝資）

天正十六年七月廿六日　宣旨

豊臣長

宣令叙従五位下

蔵人頭左近衛権中将藤原慶親（中山）奉

○毛利輝元家臣。輝元参議昇進に伴う諸大夫成。『お湯殿の上の日記』天正十六年七月二十九日条で諸大夫成した七人の一人か。

○七八　渡辺長宛口宣案　○萩藩閥閲録巻二八

上卿　日野大納言（輝資）

天正十六年七月廿六日　宣旨

従五位下豊臣長

宣令任飛騨守

蔵人頭左近衛権中将藤原慶親（中山）奉

○七九　口羽春良宛口宣案　○萩藩閥閲録巻二二

上卿　中山大納言（親綱）

天正拾六年七月廿六日　宣旨

豊臣春良

宣叙従五位下

蔵人右中弁藤原宣泰（中御門資胤）奉

○毛利輝元家臣。輝元参議昇進に伴う諸大夫成。『お湯殿の上の日記』天正十六年七月二十九日条で諸大夫成した七人の一人か。

○八〇　口羽春良宛口宣案　○萩藩閥閲録巻三二

上卿　中山（親綱）大納言

天正十六年七月廿六日　宣旨

従五位下豊臣春良

宜任伯耆守

蔵人右中弁藤原（中御門資胤）宣泰奉

○八一　吉川広家宛口宣案　○吉川家文書

上卿　勧修寺（晴豊）大納言

天正十六年七月廿七日　宣旨

豊臣広家

宜叙従五位下

蔵人頭右大弁藤原（万里小路）充房奉

○本来二十五日付で出されるべきものだが、なぜ日付がずれたのかは不明。職事が異なることによるか。

○八二　吉川広家宛口宣案　○吉川家文書

上卿　勧修寺（晴豊）大納言

天正十六年七月廿七日　宣旨

従五位下豊臣広家

宜任侍従

蔵人頭右大弁藤原（万里小路）充房奉

○本来二十五日付で出されるべきものだが、なぜ日付がずれたのかは不明。職事が異なることによるか。

〇八三　立花宗茂宛口宣案　〇立花家文書

上卿　勧修寺大納言（晴豊）

天正十六年七月廿八日　宣旨

従五位下豊臣統虎

宜叙従四位下

蔵人右中弁藤原宣泰（中御門資胤）奉

〇昇進による朝廷への御礼進上が、『お湯殿の上の日記』天正十六年七月二十八日条に見える。

〇八四　龍造寺政家宛口宣案　〇龍造寺文書

上卿　式部大輔（東坊城盛長）

天正十六年七月廿八日　宣旨

従五位下豊臣政家

宜叙従四位下

蔵人右中弁藤原宣泰（中御門資胤）奉

〇昇進による朝廷への御礼進上が、『お湯殿の上の日記』天正十六年七月二十八日条に見える。

〇八五　小早川隆景宛口宣案　〇小早川家文書

上卿　中山大納言（親綱）

天正十六年八月二日　宣旨

従五位下豊臣隆景

宜叙従四位下

蔵人頭右大弁藤原充房（万里小路）奉

〇昇進による朝廷への御礼進上が、『お湯殿の上の日記』天正十六年七月二十八日条に見える。

○八六　直江兼続宛口宣案　○上杉家文書

上卿　水無瀬（兼成）中納言

天正十六年八月十七日　宣旨

従五位下豊臣兼続

宜令任山城守

蔵人頭左近衛権中将藤原（中山）慶親奉

○上杉景勝家臣。景勝の清華成に伴う諸大夫成。景勝の清華成は、『お湯殿の上の日記』天正十六年八月十七日条にある。

○八七　千坂景親宛口宣案　○宣下抄

（上卿不明）

天正十六年八月十八日　宣旨

豊臣景親

宜叙従五位下

蔵人右中弁藤原（中御門資胤）宣泰奉

○上杉景勝家臣。景勝の清華成に伴う諸大夫成。

○八八　千坂景親宛口宣案　○宣下抄

（上卿不明）

天正十六年八月十八日　宣旨

従五位下豊臣景親

宜任対馬守

蔵人右中弁藤原（中御門資胤）宣泰奉

○八九　色部長真宛口宣案写　○古案記録草案

口宣案

上卿　水無瀬中納言（兼成）

天正十六年八月廿日　宣旨

豊臣長真

宜叙従五位下

蔵人左中弁藤原（葉室）頼宣奉

○上杉景勝家臣。景勝の清華成に伴う諸大夫成。

○九〇　色部長真宛口宣案写　○古案記録草案

口宣案

上卿　水無瀬中納言（兼成）

天正十六年八月廿日　宣旨

従五位下豊臣長真

宜任修理大夫

蔵人左中弁藤原（葉室）頼宣奉

○九一　荻田長繁宛口宣案　○武州文書

上卿　持明院中納言（基孝）

天正十六年九月一日　宣旨

豊臣長繁

宜叙従五位下

蔵人左中弁藤原（葉室）頼宣奉

○上杉景勝家臣。景勝の清華成に伴う諸大夫成。『お湯殿の上の日記』天正十六年九月一日条で諸大夫成した二人のうち一人か。

○九二　荻田長繁宛口宣案

○武州文書

上卿　持明院（基孝）中納言

天正十六年九月一日　宣旨

従五位下豊臣長繁

宜任主馬允

蔵人左中弁藤原（葉室）頼宣奉

○九三　宗十宛口宣案

○黒田家文書

上卿　勧修寺（晴豊）大納言

天正十六年九月十九日　宣旨

宗十

宜令叙法眼

蔵人頭左近衛権中将藤原（中山）慶親奉

○秀吉に近侍する医者の一人か。

天正十七年（西紀一五八九）

○九四　松浦鎮信宛口宣案　○松浦文書

上卿　新大納言

天正十七年二月廿七日　宣旨

法眼宗信

宜叙法印

蔵人右少弁藤原（勧修寺）光豊奉

○肥前松浦氏。隆信子。

○九五　内藤政長宛口宣案　○明治大学刑事博物館所蔵内藤家文書

上卿　持明院（基孝）中納言

天正十七年三月十五日　宣旨

豊臣政長

宜叙従五位下

蔵人頭右大弁藤原（葉室）頼宣奉

○徳川家康家臣。

○九六　内藤政長宛口宣案　○明治大学刑事博物館所蔵内藤家文書

上卿　持明院（基孝）中納言

天正十七年三月十五日　宣旨

従五位下豊臣政長

宜任左馬助

天正十七年（一五八九）

蔵人頭右大弁藤原（葉室）頼宣奉

○九七　筑紫広門宛口宣案　○光豊公口宣案

（上卿不明）

天正十七年三月卅日　宣旨

豊臣広門

宜叙従五位下

蔵人左少弁藤原（勧修寺）光豊奉

○筑後筑紫氏。惟門子。

○九八　筑紫広門宛口宣案　○光豊公口宣案

（上卿不明）

天正十七年三月卅日　宣旨

従五位下豊臣広門

宜任上野介

蔵人左少弁藤原（勧修寺）光豊奉

○九九　一鷗軒宗虎宛口宣案　○口宣案類集

上卿　中山大納言（親綱）

天正十七年五月七日　宣旨

一鷗

宜叙法眼

蔵人左少―（弁藤原）（勧修寺）光豊奉

○秀吉に近侍する医者。『お湯殿の上の日記』天正十七年十二月二十八日条によれば、同年末に法印へ昇進している。

一〇〇　大友義乗宛口宣案　〇大友家文書

上卿　久我大納言（敦通）

天正十七年五月十九日　宣旨

豊臣義述

宜叙従五位下

蔵人左少弁藤原（勧修寺）光豊奉

〇大友義統子。『お湯殿の上の日記』天正十七年五月十九日条に公家成勅許されたことが見える。

一〇一　大友義乗宛口宣案　〇大友家文書

上卿　久我大納言（敦通）

天正十七年五月十九日　宣旨

従五位下豊臣義述

宜任侍従

蔵人左少弁藤原（勧修寺）光豊奉

一〇二　小早川秀包宛口宣案　〇萩藩閥閲録巻四

上卿　勧修寺大納言（晴豊）

天正十七年七月十三日　宣旨

豊臣秀包

宜叙従五位下

蔵人左少弁藤原（勧修寺）光豊奉

〇小早川隆景養子、毛利元就子。『お湯殿の上の日記』天正十七年七月十三日条に公家成したことが見える。

○一〇三　小早川秀包宛口宣案

○毛利博物館所蔵毛利家旧蔵文書

上卿　勧修寺大納言（晴豊）

天正十七年七月十三日　宣旨

従五位下豊　秀包

宣任侍従

蔵人左少弁藤原光豊（勧修寺）奉

○一〇四　出羽元勝宛口宣案

○出羽家文書

上卿　烏丸大納言（光宣）

天正十七年七月十三日　宣旨

豊臣元勝

宜叙従五位下

蔵人頭左中弁藤原宣泰（中御門資胤）奉

○毛利輝元家臣。『お湯殿の上の日記』天正十七年七月十三日条に、この日諸大夫二人・随身二人あったことが見えるが、同日付の口宣案のある毛利家臣は、現在出羽元勝以下五人確認されている。あるいは何人かは後日の叙任で日付が遡及されたか。

○一〇五　出羽元勝宛口宣案

○萩藩閥閲録巻四三

上卿　烏丸大納言（光宣）

天正拾七年七月十三日　宣旨

従五位下豊臣元勝

宜任出雲守

蔵人頭左中弁藤原宣泰（中御門資胤）奉

〇一〇六　平佐元貞宛口宣案　〇萩藩閥閲録巻五九

上卿　日野新大納言（輝資）

天正拾七年七月十三日　宣旨

豊臣元貞

宜叙従五位下

蔵人左少弁藤原（勧修寺）光豊奉

〇毛利輝元家臣。

〇一〇七　平佐元貞宛口宣案　〇萩藩閥閲録巻五九

上卿　日野新大納言（輝資）

天正拾七年七月十三日　宣旨

従五位下豊臣元貞

宜任主計助

蔵人左少弁藤原（勧修寺）光豊奉

〇一〇八　児玉元次宛口宣案　〇萩藩閥閲録巻六一

上卿　持明院中納言（基孝）

天正十七年七月十三日　宣旨

豊臣元次

宜叙従五位下

蔵人頭右大弁藤原（葉室）頼宣奉

〇毛利輝元家臣。

〇一〇九　児玉元次宛口宣案　〇萩藩閥閲録巻六一

上卿　持明院中納言（基孝）

天正十七年七月十三日　宣旨
従五位下豊臣元次
宜任宮内少輔
蔵人頭右弁藤原（葉室）頼宣奉

一一〇　粟屋元吉宛口宣案　○萩藩閥閲録巻七五

上卿　中山（親綱）大納言
天正十七年七月十三日　宣旨
豊臣元吉
宜叙従五位下
蔵人頭左中弁藤原（中御門資胤）宣泰奉

○毛利輝元家臣。

一一一　粟屋元吉宛口宣案　○萩藩閥閲録巻七五

上卿　中山（親綱）大納言
天正十七年七月十三日　宣旨
従五位下豊臣元吉
宜任采女正
蔵人頭左中弁藤原（中御門資胤）宣泰奉

一一二　福原広俊宛口宣案　○福原文書

上卿　中山（親綱）大納言
天正十七年七月十三日　宣旨
豊臣広俊
宜叙従五位下
蔵人左少弁藤原（勧修寺）光豊奉

○毛利輝元家臣。

○一一三　福原広俊宛口宣案　○福原文書

上卿　中山大納言(親綱)

天正十七年七月十三日　宣旨

従五位下豊臣広俊

宜任式部少輔

蔵人左少弁藤原(勧修寺)光豊奉

○一一四　某一正宛口宣案　○経遠口宣案

□□(上卿)　久我大納言(敦通)

天正十七年十二月廿四日　宣旨

豊臣一正

宣叙従五位下

蔵人権右少弁藤原(甘露寺)経遠奉

○羽柴秀吉家臣か。

○一一五　須田満親宛口宣案　○須田文書

上卿　右大将(西園寺実益)

天正十七年十二月卅日　宣旨

豊臣満親

宜叙従五位下

蔵人左少弁藤原(勧修寺)光豊奉

○上杉景勝家臣。『お湯殿の上の日記』天正十七年十二月三十日条に諸大夫成したことが見える。

○一一六　須田満親宛口宣案　○須田文書

上卿　右大将（西園寺実益）

天正十七年十二月卅日　宣旨

従五位下豊臣満親

宜任相模守

蔵人左少弁藤原（勧修寺）光豊奉

天正十八年（西紀一五九〇）

○一一七　前田利家宛口宣案　○柳原家記録資勝卿符案

（上卿　中山（親綱）大納言）

天正十八年正月廿一日　（宣旨）

右中将豊臣利家朝臣

宜任参議

蔵人右中弁藤原（日野）資勝奉

○羽柴秀吉家臣。『お湯殿の上の日記』天正十八年正月二十一日条に参議昇進勅許と見える。

○一一八　宗盛宛口宣案　○経遠口宣案

上卿　勧修寺大納言（晴豊）

天正十八年正月廿六日　宣旨

宗盛

宜叙法印

蔵人権右少弁藤原（甘露寺）経遠奉

○秀吉に近侍する医者。『お湯殿の上の日記』天正十八年正月二十六日条で法印成の勅許を受け、御礼をしている「かんへ入たう」のことか。

○一一九　木下紹盛宛口宣案　○経遠口宣案

上卿　勧修寺大納言（晴豊）

天正十八年正月廿六日　宣旨

紹盛

宜叙法印

蔵人権右少弁藤原（甘露寺）経遠奉

木下

○秀吉に近侍する医者。

○一二〇　富田信高宛口宣案　○富田文書

上卿　水無瀬中納言（兼成）

天正十八年十月廿八日　宣旨

豊臣知信

宜叙従五位下

蔵人頭右大弁藤原（葉室）頼宣奉

○羽柴秀吉家臣。左近将監一白子。『お湯殿の上の日記』天正十八年十月二十八日条で諸大夫成した二人のうち一人か。

一二一　富田信高宛口宣案　○富田文書

上卿　水無瀬中納言（兼成）

天正十八年十月廿八日　宣旨

従五位下豊臣知信

宜任信濃守

蔵人頭右大弁藤原（葉室）頼宣奉

一二二　某之孝宛口宣案　○柳原家記録資勝卿符案

上――（卿　日野大納言（輝資））

天――（正十八年）十月廿八日

豊臣之孝

叙従五位下任

掃部頭

（蔵人右中弁藤原（日野）資勝奉）

○羽柴秀吉家臣。『お湯殿の上の日記』天正十八年十月二十八日条で諸大夫成した二人のうち一人か。

一二三　某知盛宛口宣案　○経遠口宣案

上卿　久我大納言（敦通）

天正十八年十月廿九日　宣旨

豊臣知盛

宜叙従五位下

蔵人権右少弁藤原（甘露寺）経遠奉

○羽柴秀吉家臣。『お湯殿の上の日記』天正十八年十月二十九日条で諸大夫成した某か。

○一一二四　某知盛宛口宣案　○経遠口宣案

上卿　久我（敦通）大納言

天正十八年十月廿九日　宣旨

従五位下豊臣知盛

左馬丞

蔵人権右少弁藤原（甘露寺）経遠奉

○一一二五　長谷川宗仁宛口宣案　○経遠口宣案

上卿　源（庭田重通）中納言

天正十八年十一月四日　宣旨

宗仁

宜叙法眼

蔵人権右少弁藤原（甘露寺）経遠奉

○羽柴秀吉家臣。元は織田信長家臣。『晴豊公記』天正十八年十一月四日条に法眼に成ったことが見える。

○一一二六　朽木元綱宛口宣案　○柳原家記録資勝卿符案

上卿　菅（東坊城盛長）中納言

天──（正十八年）十一月五日　豊臣元綱

叙従五位下

任河内守

（蔵人右中弁藤原（日野）資勝奉）

○近江佐々木朽木氏。元は室町幕府奉公衆。

〇一二七　堀秀治宛口宣案　〇大阪城天守閣所蔵堀文書

上卿　広橋（兼勝）中納言

天正十八年十一月六日　宣旨

豊臣秀治

宜叙従五位下

蔵人左少弁藤原（勧修寺）光豊奉

〇堀秀政子。

〇一二八　堀秀治宛口宣案　〇大阪城天守閣所蔵堀文書

上卿　広橋（兼勝）中納言

天正十八年十一月六日　宣旨

豊臣秀治

宜任侍従

蔵人左少弁藤原（勧修寺）光豊奉

〇一二九　徳川秀忠宛口宣案　〇菊亭文書

上卿　今出川（季持）中納言

天正十八年十二月廿九日　宣

正五位下豊臣秀忠

宜叙従四位下

蔵人左少弁藤原（勧修寺）光豊奉

〇『晴豊公記』天正十八年十二月二十九日条に公家成したことが見える。また「光豊公記」天正十九年正月二十六日条において宣旨が作成され、日付を天正十八年十二月二十九日にしたとある。『徳川実紀』台徳院殿御実紀巻一に侍従任官と共に叙されたことが見える。

○一三〇　松平カ忠長宛口宣案　○柳原家記録資勝卿符案

上卿　源中納言（庭田重通）

天――（正十八年）十二月廿九日

豊臣忠長

叙従五位下

任右京亮

（蔵人右中弁藤原（日野）資勝奉）

○『晴豊公記』天正十八年十二月二十九日条から、徳川家康甥であることがわかるが、該当する人物がおらず誰かは不明。家康ではなく秀忠甥であれば、右京大夫であったという奥平家治（秀忠姉亀姫子）の可能性がある。

天正十九年（西紀一五九一）

○一三一　佐竹義久宛口宣案　○秋田藩家蔵文書四

上卿　中山大納言（親綱）

天正十九年正月二日　宣旨

豊臣義久

宜叙従五位下

蔵人頭右大弁藤原（葉室）頼宣奉

○常陸佐竹東氏。佐竹義宣家臣。義堅子。『晴豊公記』天正十九年正月二日条に諸大夫成したことが見え、同日に佐竹義宣も公家成している。

○一三二　佐竹義久宛口宣案　○秋田藩家蔵文書四

上卿　中山大納言（親綱）

天正十九年正月二日　宣旨

従五位下豊臣義久

宜任中務大輔

蔵人頭右大弁藤原（葉室）頼宣奉

○羽柴秀吉家臣。

○一三三　某重頼宛口宣案　○経遠口宣案

上卿　勧修寺大納言（晴豊）

天正十九年正月四日　宣旨

豊臣重頼

宜叙従五位下

蔵人権右少弁藤原（甘露寺）経遠奉

○一三四　某重頼宛口宣案　○経遠口宣案

上卿　勧修寺大納言（晴豊）

天正十九年正月四日　宣旨

従五位下豊臣重頼

宜任伊予守

蔵人権右少弁藤原（甘露寺）経遠奉

○一三五　最上義光宛口宣案　○経遠口宣案

上卿　広橋中納言（兼勝）

天正十九年正月八日　宣旨

豊臣義光

宣叙従五位下
蔵人権右少弁藤原（甘露寺）経遠奉

○出羽最上氏。義守子。「光豊公記」天正十九年正月八日条で公家成したことが見える。またこれにより、『お湯殿の上の日記』天正十九年正月八日条で公家成した某はこの義光に相当する。

○一三六　最上義光宛口宣案　○経遠口宣案

上卿　広橋（兼勝）中納言
天正十九年正月八日　宣旨
従五位下豊臣義光
宜任侍従
蔵人権右少弁藤原（甘露寺）経遠奉

○一三七　堀秀治宛口宣案　○大阪城天守閣所蔵堀文書

上卿　今出川（季持）中納言
天正十九年正月十二日　宣旨
従五位下豊臣秀治
宜叙従四位下
蔵人左少弁藤原（勧修寺）光豊奉

○『お湯殿の上の日記』天正十九年正月十三日条に従四位下昇進のことが見える

○一三八　某行貞宛口宣案　○経遠口宣案

上卿　広橋（兼勝）中納言
天正十九年二月晦日　宣旨
豊臣行貞

宣叙従五位下

蔵人権右少弁藤原（甘露寺）経遠奉

○羽柴秀吉家臣。

○一三九　某行貞宛口宣案　○経遠口宣案

上卿　広橋（兼勝）中納言

天正十九年二月晦日　宣旨

従五位下豊臣行貞

宜任紀伊守

蔵人権右少弁藤原（甘露寺）経遠奉

○一四〇　良順宛口宣案　○経遠口宣案

上卿　日野（輝資）大納言

天正十九年九月廿五日　宣旨

良順

宜叙法印

蔵人権右少弁藤原（甘露寺）経遠奉

○秀吉に近侍する医者か。

○一四一　木下家定宛口宣案　○経遠口宣案

上卿　勧修寺（晴豊）大納言

天正十九年九月廿五日　宣旨

豊臣家定

宜叙従五位下

蔵人権右少弁藤原（甘露寺）経遠奉

○羽柴秀吉家臣。秀吉室の兄。

一四二　木下家定宛口宣案　○経遠口宣案

上卿　勧修寺（晴豊）大納言

天正十九年九月廿五日　宣旨

従五位下豊臣家定

宜任肥後守

蔵人権右少弁藤原（甘露寺）経遠奉

一四三　羽柴秀次宛口宣案　○足守木下家文書

上卿　中山（親綱）大納言

天正十九年十一月廿八日　宣旨

権中納言豊臣朝臣

宜任権大納言

蔵人左少弁藤原（勧修寺）光豊奉

○羽柴秀吉甥。『晴豊公記』天正十九年十一月二十八日条に、この日大納言申請したことが見える。

一四四　生駒利豊宛口宣案　○生駒文書

上卿　中山（親綱）大納言

天正十九年十一月廿八日　宣旨

豊臣宗直

宜叙従五位下

蔵人頭右大弁藤原（葉室）頼宣奉

○羽柴秀次家臣。家長子。秀次諸大夫としての叙任。「光豊公記」天正十九年十二月一日条に見える諸大夫成した二十三人の一人か。

○一四五　生駒利豊宛口宣案　○生駒文書

上卿　中山大納言（親綱）

天正十九年十一月廿八日　宣旨

従五位下豊臣宗直

宜任隼人正

蔵人頭右大弁藤原（葉室）頼宣奉

○一四六　駒井重勝宛口宣案　○『斎藤徳元研究　上巻』所収『加賀百万石前田侯爵家入札』

上卿　水無瀬中納言（兼成）

天正十九年十一月廿八日　宣旨

豊臣重勝

宜叙従五位下

蔵人右中弁藤原（日野）資勝奉

○羽柴秀次家臣。秀次諸大夫としての叙任。「光豊公記」天正十九年十二月一日条に見える諸大夫成した二十三人の一人か。

○一四七　駒井重勝宛口宣案　○柳原家記録資勝卿符案

上卿　水無瀬中納言（兼成）

天―――（正十九年）十一月廿八日　豊臣重勝

叙従五位下

任中務少輔

（蔵人右中弁藤原（日野）資勝奉）

○一四八　某吉勝宛口宣案　○柳原家記録資勝卿符案

上卿　中山（親綱）大納言

天――（正十九年十一月廿八日）　豊臣吉勝

叙従五位下任雅楽頭

（蔵人右中弁藤原（日野）資勝奉）

○羽柴秀次家臣。秀次諸大夫としての叙任。「光豊公記」天正十九年十二月一日条に見える諸大夫成した二十三人の一人か。

○一四九　某吉政宛口宣案　○柳原家記録資勝卿符案

上卿　菅（東坊城盛長）中納言

天――（正十九年十一月廿八日）　豊臣吉政

叙従五位下任主殿頭

（蔵人右中弁藤原（日野）資勝奉）

○羽柴秀次家臣。秀次諸大夫としての叙任。「光豊公記」天正十九年十二月一日条に見える諸大夫成した二十三人の一人か。

○一五〇　某宣武宛口宣案　○柳原家記録資勝卿符案

上卿　源（庭田重通）中納言

天――（正十九年十一月廿八日）　豊臣宣武

叙従五位下任主水正

（蔵人右中弁藤原（日野）資勝奉）

○羽柴秀次家臣。秀次諸大夫としての叙任。「光豊公記」天正十九年十二月一日条に見える諸大夫成した二十三人の一人か。

○一五一　雀部重政宛口宣案　○柳原家記録資勝卿符案

上卿　今出川（季持）中納言

天―――（正十九年十一月廿八日）　豊臣重政

叙従五位下任淡路守

（蔵人右中弁藤原（日野）資勝奉）

○羽柴秀次家臣。秀次諸大夫としての叙任。「光豊公記」天正十九年十二月一日条に見える諸大夫成した二十三人の一人か。

○一五二　田中吉次宛口宣案　○経遠口宣案

上卿　源（庭田重通）中納言

天正十九年十二月廿九日　宣旨

豊臣吉次

宜叙従五位下

蔵人権右少弁藤原（甘露寺）経遠奉

○羽柴秀吉家臣。吉政子。「光豊公記」天正二十年正月三日条に諸大夫成したことが見える。

○一五三　田中吉次宛口宣案　○経遠口宣案

上卿　源（庭田重通）中納言

天正十九年十二月廿九日　宣旨

従五位下豊臣吉次

宣任民部少輔

蔵人権右少弁藤原(甘露寺)経遠奉

田中

文禄元年（天正二〇・西紀一五九二）

○一五四　福智政直宛口宣案　○久我家文書

(上卿　久我(敦通)大納言)

天正廿年正月十八日　宣旨

豊臣政直

宜叙従五位下

蔵人頭右大弁藤原(葉室)頼宣奉

○羽柴秀吉家臣。

一五五　福智政直宛口宣案　○久我家文書

（上卿　久我大納言（敦通））

天正廿年正月十八日　宣旨

従五位下豊臣政直

宜任参河守

蔵人頭右大弁藤原（葉室）頼宣奉

一五六　長束長吉宛口宣案　○柳原家記録資勝卿符案

上卿　権中納言（正親町季秀カ）

天正廿年正月十八日

豊臣長吉

宜従五位下叙任兵部少輔

（蔵人右中弁藤原（日野）資勝奉）

○羽柴秀吉家臣。正家子。

一五七　前野成直宛口宣案　○柳原家記録資勝卿符案

上卿　花山院中納言（定熈）

天――――（正廿年正月十八日）

豊臣成直

叙従五位下

任兵庫助

（蔵人右中弁藤原（日野）資勝奉）

○羽柴秀次家臣。「光豊公記」天正二十年正月十八日条に諸大夫成したことが見える。

一五八　金森可重宛口宣案　○経遠口宣案

上卿　広橋中納言（兼勝）

天正廿年正月十八日　宣旨

豊臣可重

宣叙従五位下
蔵人権右少弁藤原（甘露寺）経遠奉

○羽柴秀吉家臣。長近養子。「光豊公記」天正二十年正月十八日条に諸大夫成したことが見える。

○一五九　金森可重宛口宣案　○経遠口宣案

上卿　広橋中納言（兼勝）
天正廿年正月十八日　宣旨
従五位下豊臣可重
宜任出雲守
蔵人権右少弁藤原（甘露寺）経遠奉
金森

○一六〇　大山一政宛口宣案　○経遠口宣案

上卿　菅中納言（東坊城盛長）
天正廿年正月十八日　宣旨
豊臣一政
宜叙従五位下
蔵人権右少弁藤原（甘露寺）経遠奉

○羽柴秀次家臣。「光豊公記」天正二十年正月十八日条に諸大夫成したことが見える。

○一六一　大山一政宛口宣案　○経遠口宣案

上卿　菅中納言（東坊城盛長）
天正廿年正月十八日　宣旨
従五位下豊臣一政

宣任伯耆守
蔵人権右少弁藤原（甘露寺）経遠奉

大山

○一六二　某勝政宛口宣案　○久我家文書

（上卿　久我大納言（敦通））
天正廿年正月廿四日　宣旨
豊臣勝政
宣叙従五位下
蔵人頭右大弁藤原（葉室）頼宣奉

○羽柴秀吉家臣か。

○一六三　松野重元宛口宣案　○松野文書

上卿　菊亭中納言（季持）
天正廿年正月廿四日　宣旨
豊臣重元
宣叙従五位下
蔵人頭左中弁藤原（中御門資胤）宣泰奉

○小早川秀詮家臣。秀詮の中納言昇進に伴う叙任か。

○一六四　松野重元宛口宣案　○松野文書

上卿　菊亭中納言（季持）
天正廿年正月廿四日　宣旨
従五位下豊臣重元
宣任主馬

蔵人頭左中弁藤原（中御門資胤）宣泰奉

○一六五　駒井家親宛口宣案　○経遠口宣案

上卿　久我大納言（敦通）

天正廿年正月廿四日　宣旨

豊臣家親

宜叙従五位下

蔵人権右少弁藤原（甘露寺）経遠奉

○羽柴秀吉家臣か。

○一六六　駒井家親宛口宣案　○経遠口宣案

上卿　久我大納言（敦通）

天正廿年正月廿四日　宣旨

従五位下豊臣家親

宜任右近将監

蔵人権右少弁藤原（甘露寺）経遠奉

駒井

○一六七　浅野光良宛口宣案　○経遠口宣案

上卿　大炊御門大納言（経頼）

天正廿年正月廿六日　宣旨

豊臣光良

宜叙従五位下

蔵人権右少弁藤原（甘露寺）経遠奉

浅野

○羽柴秀吉家臣か。

○一六八　浅野光良宛口宣案　○経遠口宣案

上卿　大炊御門大納言（経頼）
天正廿年正月廿六日　宣旨
従五位下豊臣光良
宜任和泉守
蔵人権右少弁藤原（甘露寺）経遠奉
浅野

○一六九　羽柴秀次宛口宣案　○足守木下家文書

上卿　勧修寺大納言（晴豊）
天正廿年正月廿九日　宣旨
関白内大臣
宜転任左大臣関白如旧
蔵人頭左中弁藤原（中御門資胤）宣泰奉

○『公卿補任』は正月二十九日に左大臣に転ずとある。

○一七〇　小早川秀詮宛口宣案　○久我家文書

（上卿　久我大納言（敦通））
天正廿年正月廿九日　宣旨
参議右近衛権中将豊臣朝臣秀俊
宜任権中納言
蔵人左少弁藤原（勧修寺）光豊奉

○羽柴秀吉室の甥。当初秀吉養子。初名秀俊・秀秋。「光豊公記」天正二十年正月二十九日条で口宣が作成されたことが、翌三十日条に中納言成により参内したことが見える。『公卿補任』は七月二十九日に任ずとある。

○一七一　羽柴秀保宛口宣案　○柳原家記録資勝卿符案

（上卿　今出川（季持）中納言）

天――――（正廿年正月）廿九日

参議右近衛権中将豊臣朝臣秀保

宣任権中納言

蔵人右中弁藤原（日野）資勝奉

○羽柴秀吉甥。秀吉弟秀長養子。「光豊公記」天正二十年正月三十日条に中納言成により参内したことが見える。『公卿補任』は六月七日に任ずとある。

○一七二　羽柴秀勝宛口宣案　○経遠口宣案

上卿　左大将（鷹司信房）

天正廿年正月廿九日　宣旨

右近衛権少将豊臣朝臣秀勝

宣任参議

蔵人権右少弁藤原（甘露寺）経遠奉

○羽柴秀吉甥。「光豊公記」天正二十年正月三十日条に宰相成により参内したことが見える。『公卿補任』は六月七日に任ずとある。

○一七三　羽柴秀次宛口宣案　○足守木下家文書

上卿　中山（親綱）大納言

天正廿年五月十七日　宣旨

正二位豊臣朝臣秀

宣叙従一位

蔵人左少弁藤原（勧修寺）光豊奉

○「中山親綱卿記」天正二十年五月十七日条に、この日前田玄以が秀次一位のことで菊亭邸において公家と相談している。『公卿補任』には秀次が従一位になったとの記載は無い。

○一七四　毛利秀元宛口宣案　○経遠口宣案

上卿　中山（親綱）大納言

天正廿年八月廿三日　宣旨

従五位下豊臣秀元　毛利

宣叙従五位上

蔵人権右少弁藤原（甘露寺）経遠奉

○毛利輝元養子、穂田元清子。

○一七五　毛利秀元宛口宣案　○柳原家記録　資勝卿符案

天―――（正廿年）八月廿三日　従五位上豊臣秀元

任侍従

（蔵人右中弁藤原（日野）資勝奉）

○「光豊公記」天正二十年八月二十三日条に関連記載がある。

○一七六　徳川秀忠宛口宣案　○光豊公口宣案

上卿　今出川（季持）中納言

天正廿年九月九日　宣旨

参議右近衛権中将豊臣朝臣秀康忠

宣任権中納言

江戸之

中納言也　蔵人左少弁藤原（勧修寺）光豊奉

○「光豊公記」天正二十年九月十三日条に中納言になったことが見える。『徳川実紀』台徳院殿御実紀巻一はこの日付で任じられたとある。

○一七七　佐野信吉宛口宣案　○能福寺文書

（上卿不明）

天正廿年九月廿二日　宣旨

豊臣信吉

宜叙従五位下

蔵人頭右大弁藤原（葉室）頼宣奉

○下野佐野氏。房綱（天徳寺宝衍）養子。

文禄二年（西紀一五九三）

○一七八　石田正澄宛口宣案　○柳原家記録資勝卿符案

上卿　中山（親綱）大納言

文――（禄二年）九月三日　　豊臣正澄

叙従五位下任木工

頭

（蔵人右中弁藤原（日野）資勝奉）

○羽柴秀吉家臣。石田三成兄。

〇一七九　前田利政宛口宣案　〇田中教忠氏所蔵文書

同（上卿　中山（親綱）大納言）
文禄二年（後九月卅日　宣旨）
豊臣利政
　宜叙従五位下
（蔵人右中弁藤原（日野）資勝奉）

〇前田利家子、利長弟。

〇一八〇　前田利政宛口宣案　〇田中教忠氏所蔵文書

上卿　中山（親綱）大納言
文禄二年後九月卅日　（宣旨）
従五位下豊臣利政
　宜任侍従
　蔵人右中弁藤原（日野）資勝奉

〇利政の侍従任官は、『駒井日記』文禄二年閏九月三十日条に見える。

〇一八一　前田利長宛口宣案　〇田中教忠氏所蔵文書

同（上卿　中山（親綱）大納言）
文禄二年後九月卅日　（宣旨）
侍従豊臣利長朝臣
　宜任右近衛権少将
　蔵人頭左中弁藤原（中御門）資胤（奉）

〇前田利家子。利長の少将任官は、『駒井日記』文禄二年閏九月三十日条に見える。

○一八二　柳沢元政宛口宣案　○柳沢文書

上卿　広橋中納言（兼勝）

文禄二年十月二日　宣旨

豊臣元政

宜叙従五位下

蔵人頭左中弁藤原（中御門）資胤奉

○毛利輝元家臣。

○一八三　柳沢元政宛口宣案　○柳沢文書

上卿　広橋中納言（兼勝）

文禄二年十月二日　宣旨

従五位下豊臣元政

宜任監物

蔵人頭左中弁藤原（中御門）資胤奉

○一八四　林元善宛口宣案　○経遠口宣案

上卿　源（庭田重通）中納言

文禄二年十月二日　宣旨

豊臣元善

宜叙従五位下

蔵人権右少弁藤原（甘露寺）経遠奉

○毛利輝元家臣。

○一八五　林元善宛口宣案　○経遠口宣案

上卿　源（庭田重通）中納言

文禄二年十月二日　宣旨

従五位下豊臣元善

宣任志摩守

蔵人権右少弁藤原（甘露寺）経遠奉

林

○一八六　山中長俊宛口宣案　○柳原家記録資勝卿符案

上卿　大炊御門（経頼）大納言

文——（禄二年）十月三日　豊臣長俊

叙従五位下任山城

守

（蔵人右中弁藤原（日野）資勝奉）

○羽柴秀吉家臣。『駒井日記』文禄二年十月五日条に諸大夫成したことが見える。

○一八七　藤堂高吉宛口宣案　○経遠口宣案

上卿　今出川（季持）中納言

文禄二年十二月八日　宣旨

豊臣一高

宣叙従五位下

蔵人権右少弁藤原（甘露寺）経遠奉

○羽柴秀保家臣。藤堂高虎養子、丹羽長秀子、元は羽柴秀長養子。

○一八八　藤堂高吉宛口宣案　○経遠口宣案

上卿　今出川（季持）中納言

文禄二年十二月八日　宣旨

従五位下豊臣一高

宜任宮内少輔

蔵人権右少弁藤原《甘露寺》経遠奉

東堂和州中納言諸大夫

文禄三年（西紀一五九四）

〇一八九　京極高知宛口宣案　〇経遠口宣案

上卿　中山《親綱》大納言

文禄三年正月廿五日　宣旨

豊臣生双

宜叙従五位下

蔵人権右少弁藤原《甘露寺》経遠奉

〇高次弟、毛利秀頼養子。「中山親綱卿記」文禄三年正月二十五日条に昇殿勅許されたことが見える。

○一九〇　京極高知宛口宣案　○経遠口宣案

上卿　中山大納言（親綱）

文禄三年正月廿五日　宣旨

従五位下豊臣生双

宜任侍従

蔵人権右少弁藤原（甘露寺）経遠奉

京極

○一九一　長束直吉宛口宣案　○柳原家記録資勝卿符案

上卿　今出川中納言（季持）

文禄三年二月三日　豊臣直吉

叙従五位下任伊賀守

（蔵人右中弁藤原（日野）資勝奉）

○羽柴秀吉家臣。正家弟。

○一九二　某政春宛口宣案　○柳原家記録資勝卿符案

上卿　大炊御門大納言（経頼）

文――――（禄三年二月三日）　豊臣政春

叙従五位下任

将監

（蔵人右中弁藤原（日野）資勝奉）

○羽柴秀吉家臣か。

○一九三　今枝重直宛口宣案　○今枝氏古文書等写

上卿　中山大納言（親綱）

文禄三年二月三日　宣旨
豊臣重直
宣叙従五位下
蔵人右中弁藤原（日野）資勝奉

○羽柴秀次家臣、後に前田利家家臣。『駒井日記』文禄三年正月二十五日条に諸大夫成のことが見える。

○一九四　今枝重直宛口宣案　○今枝氏古文書等写

上卿　中山（親綱）大納言
文禄三年二月三日　宣旨
従五位下豊臣重直
宣任内記
蔵人右中弁藤原（日野）資勝奉

○一九五　浅野勝正宛口宣案　○経遠口宣案

上卿　今出川（季持）中納言
文禄三年二月廿二日　宣旨
豊臣勝正
宣叙従五位下
蔵人右少弁藤原（甘露寺）経遠奉

○羽柴秀吉家臣。

○一九六　浅野勝正宛口宣案　○経遠口宣案

上卿　今出川（季持）中納言
文禄三年二月廿二日　宣旨
従五位下豊臣勝正
宣任大炊助

文禄三年（一五九四）

蔵人右少弁藤原（甘露寺）経遠奉

浅野

○一九七　佐竹義宣宛口宣案　○経遠口宣案

上卿　今出川（季持）中納言

文禄三年四月七日　宣旨

従五位下豊臣義宣

宜叙従四位下

蔵人右少弁藤原（甘露寺）経遠奉

佐武

○常陸佐竹氏。義重子。『駒井日記』文禄三年四月七日条に四位昇進のことが見える。

○一九八　某重吉宛口宣案　○久我家文書

（上卿　久我大（敦通）納言）

文禄三年七月十七日　宣旨

豊臣重吉

宜叙従五位下

蔵人右中弁藤原（勧修寺）光豊奉

○羽柴秀次家臣か。あるいは「慶長三年大名帳」に見える戸田豊前守（重治）か、木村豊前守重宗か。

○一九九　某重吉宛口宣案　○久我家文書

（上卿　久我大（敦通）納言）

文禄三年七月十七日　宣旨

従五位下豊臣重吉

宣任豊前守
蔵人右中弁藤原（勧修寺）光豊奉

○二〇〇　塩川満一宛口宣案　○久我家文書

（上卿　久我（敦通）大納言）
文禄三年七月十七日　宣旨
豊臣満一
宣叙従五位下
蔵人右中弁藤原（勧修寺）光豊奉

○羽柴秀次家臣、後に石田三成・蜂須賀家臣。小野お通の夫。

○二〇一　塩川満一宛口宣案　○久我家文書

（上卿　久我（敦通）大納言）
文禄三年七月十七日　宣旨
従五位下豊臣満一
宣任志摩守
蔵人右中弁藤原（勧修寺）光豊奉

○二〇二　宇都宮カ国綱宛口宣案　○久我家文書

（上卿　久我（敦通）大納言）
文禄三年七月十七日　宣旨
豊臣国綱
宣叙従五位下
蔵人頭左大弁藤原（葉室）頼宣奉

○下野宇都宮氏。広綱子。ただし宇都宮国綱は文禄三年八月二十一日の時点で「うつのミや弥三郎」（伏見大光明寺勧進帳「相国寺本坊文書」）と呼ばれていること、この七月十七日に羽柴秀次家臣が多く諸大夫成していることからすると、この口宣案は別人宛で、羽柴秀次家臣粟野秀用宛の可能性がある。

二〇三 宇都宮カ国綱宛口宣案 ○久我家文書

（上卿 久我（敦通）大納言）

文禄三年七月十七日 宣旨

従五位下豊臣国綱

宜任木工頭

蔵人頭左大弁藤原（葉室）頼宣奉

二〇四 某直正宛口宣案 ○柳原家記録資勝卿符案

上——（卿中山（親綱）大納言）

文——（禄三年）七月十七日

豊臣直正

叙従五位下任伊

与守

（蔵人右中弁藤原（日野）資勝奉）

○羽柴秀吉家臣か、あるいは秀次家臣か。

二〇五 津田重久宛口宣案 ○柳原家記録資勝卿符案

上卿 持明院（基孝）中納言

文——（禄三年七月十七日）

豊臣重久

叙従五位下

任遠江守

（蔵人右中弁藤原（日野）資勝奉）

○羽柴秀次家臣、後に前田利家家臣。

○二〇六　山田正勝宛口宣案　○経遠口宣案

上卿　中山大納言（親綱）

文禄三年七月十七日　宣旨

豊臣正勝

宜叙従五位下

蔵人権右少弁藤原（甘露寺）経遠奉

○羽柴秀次家臣、後に前田利家家臣。次号の「松下」は本来二一〇・二一一号にかかる注記。

○二〇七　山田正勝宛口宣案　○経遠口宣案

上卿　中山大納言（親綱）

文禄三年七月十七日　宣旨

従五位下豊臣正勝

宜任出羽守

蔵人権右少弁藤原（甘露寺）経遠奉

松下

○二〇八　須賀金直宛口宣案　○経遠口宣案

上卿　日野大納言（輝資）

文禄三年七月十七日　宣旨

豊臣金直

宜叙従五位下

蔵人右少弁藤原（甘露寺）経遠奉

○羽柴秀次家臣。

○二〇九　須賀金直宛口宣案　○経遠口宣案

上卿　日野（輝資）大納言

文禄三年七月十七日　宣旨

従五位下豊臣金直

宜任備前守

蔵人右少弁藤原（甘露寺）経遠奉

須賀

○二一〇　松下重綱宛口宣案　○経遠口宣案

上卿　中山（親綱）大納言

文禄三年七月十七日　宣旨

豊臣長綱

宜叙従五位下

蔵人右少弁藤原（甘露寺）経遠奉

○羽柴秀吉家臣、後に秀次に属し、秀次死後復す。之綱子。

○二一一　松下重綱宛口宣案　○経遠口宣案

上卿　中山（親綱）大納言

文禄三年七月十七日　宣旨

従五位下豊臣長綱

宜任右近衛尉

蔵人右少弁藤原（甘露寺）経遠奉

○二一二　日根野吉時宛口宣案　○経遠口宣案

上卿　日野（輝資）大納言

文禄三年七月廿三日　宣旨

豊臣一弘

宜叙従五位下

蔵人右少弁藤原（甘露寺）経遠奉

○羽柴秀次家臣。弘就次男。

○二一三　日根野吉時宛口宣案　○経遠口宣案

上卿　日野（輝資）大納言

文禄三年七月廿三日　宣旨

従五位下豊臣一弘

宜任筑後守

蔵人右少弁藤原（甘露寺）経遠奉

日根野

○二一四　加藤貞泰宛口宣案　○柳原家記録資勝卿符案

上卿　中山（親綱）大納言

文――（禄三年）八月十九日　豊臣光長

叙従五位下任左

衛門尉

（蔵人左中弁藤原（日野）資勝奉）

○羽柴秀吉家臣。光泰子。

○二一五　中島政長宛口宣案　○経遠口宣案

上卿　今出川中納言（季持）

文禄三年八月廿二日　宣旨

豊臣政長

宜叙従五位下

蔵人右少弁藤原（甘露寺）経遠奉

○羽柴秀保家臣。

○二一六　中島政長宛口宣案　○経遠口宣案

上卿　今出川中納言（季持）

文禄三年八月廿二日　宣旨

従五位下豊臣政長

宜任信濃守

蔵人右少弁藤原（甘露寺）経遠奉

中嶋

○二一七　百々綱家宛口宣案　○経遠口宣案

上卿　久我大納言（敦通）

文禄三年九月廿八日　宣旨

豊臣安信

宜叙従五位下

蔵人右少弁藤原（甘露寺）経遠奉

○羽柴秀吉家臣、織田秀信に附属。

○二一八　百々綱家宛口宣案　○経遠口宣案

上卿　久我大納言（敦通）

文禄三年九月廿八日　宣旨

従五位下豊臣安信

宜任越前守

蔵人右少弁藤原（甘露寺）経遠奉

百々

○二一九　宇喜多秀家宛口宣案　○経遠口宣案

上卿　久我（敦通）大納言　備前中納言

文禄三年十月廿二日　宣旨

参議豊臣朝臣秀家

宜任権中納言

蔵人右少弁藤原（甘露寺）経遠奉

○備前宇喜多氏。『公卿補任』ではこの年五月二十二日に任じられ、七月二十九日に辞したとある。

○二二〇　湯浅長政（直勝カ）宛口宣案　○経遠口宣案

上卿　中山（親綱）大納言

文禄三年十月晦日　宣旨

豊臣長政

宜叙従五位下

蔵人右少弁藤原（甘露寺）経遠奉

○羽柴秀吉家臣。湯浅直宗の子直勝か。直勝は大坂の陣で籠城している。

○二二一　湯浅長政（直勝カ）宛口宣案　○経遠口宣案

上卿　中山（親綱）大納言

文禄三年十月晦日　宣旨
従五位下豊臣長政
宜任右近将監
蔵人右少弁藤原(甘露寺)経遠奉
湯浅

〇二二二　真田信之宛口宣案　〇真田家文書

上卿　中山(親綱)大納言
文禄三年十一月二日　宣旨
豊臣信幸
宜叙従五位下
蔵人頭左大弁藤原(葉室)頼宣奉
〇信濃・上野真田氏。昌幸子。

〇二二三　真田信之宛口宣案　〇真田家文書

上卿　中山(親綱)大納言
文禄三年十一月二日　宣旨
従五位下豊臣信幸
宜任伊豆守
蔵人頭左大弁藤原(葉室)頼宣奉

〇二二四　真田信繁宛口宣案　〇柳原家記録資勝卿符案

上卿　今出川(季持)中納言
文――（禄三年）十一月二日　豊臣信繁
叙従五位下任左
衛門佐
（蔵人左中弁藤原(日野)資勝奉）

○信濃・上野真田氏。昌幸子、信之弟。俗に幸村で知られる。

○二二五　依田康勝宛口宣案　○蘆田文書

上卿　今出川中納言（季持）

文禄三年十一月三日　宣旨

豊臣康真

宜叙従五位下

蔵人右中弁藤原（勧修寺）光豊奉

○徳川家康家臣。信蕃子。

○二二六　依田康勝宛口宣案　○蘆田文書

上卿　今出川中納言（季持）

文禄三年十一月三日　宣旨

従五位下豊臣康真

宜任右衛門大夫

蔵人右中弁藤原（勧修寺）光豊奉

文禄四年（西紀一五九五）

○二二七　毛利輝元宛口宣案　○毛利家文書

上卿　勧修寺(晴豊)大納言
文禄四年正月六日　宣旨
参議豊臣朝臣輝元
宜任権中納言
蔵人右少弁藤原(甘露寺)経遠奉

○『お湯殿の上の日記』文禄四年正月六日条に、中納言の御礼をしていることが見える。また『公卿補任』には中納言昇進の記載は無い。

○二二八　勝田貞知宛口宣案　○経遠口宣案

上卿　勧修寺(晴豊)大納言
文禄四年正月十三日　宣旨
豊臣貞知
宜叙従五位下
蔵人右少弁藤原(甘露寺)経遠奉

○羽柴秀吉家臣か。『お湯殿の上の日記』文禄四年正月十三日条にみえる諸大夫成した某か、同十四日条で諸大夫成した四人のうち一人か。

○二二九　勝田貞知宛口宣案　○経遠口宣案

上卿　勧修寺(晴豊)大納言
文禄四年正月十三日　宣旨
従五位下豊臣貞知

宣任右京亮
蔵人右少弁藤原（甘露寺）経遠奉
勝田

○二三〇 中川秀成宛口宣案 ○柳原家記録 資勝卿符案

上卿 源（庭田重通）中納言
文――（禄四年）正月廿七日
豊臣秀成
叙従五位下修理
大
太夫
（蔵人左中弁藤原（日野）資勝奉）

○羽柴秀吉家臣。清秀子、秀政弟。『お湯殿の上の日記』文禄四年正月二十六日条で諸大夫成した某が該当するか。

○二三一 生駒直勝宛口宣案 ○柳原家記録 資勝卿符案

上卿 今出川（季持）大（中カ）納言
文――（禄四年）二月三日
豊臣直勝
叙従五位下任内
膳正
（蔵人左中弁藤原（日野）資勝奉）

○秀次家臣、後に織田秀雄、ついで前田利長家臣。

○二三二 来島村上通総宛口宣案 ○経遠口宣案

上卿 源（庭田重通）中納言
文禄四年二月五日 宣旨
豊臣通綱
宣叙従五位下

文禄四年（一五九五）

蔵人右少弁藤原（甘露寺）経遠奉

○伊予来島村上氏。通康子。『お湯殿の上の日記』文禄四年二月七日条で秀吉が諸大夫成を申請した某か。

○二三三　来島村上通総宛口宣案　○経遠口宣案

上卿　源（庭田重通）中納言

文禄四年二月五日　宣旨

従五位下豊臣通綱

宜任出雲守

蔵人右少弁藤原（甘露寺）経遠奉

林上

○二三四　毛利元康宛口宣案　○毛利博物館所蔵毛利家旧蔵文書

上卿　今出川（季持）中納言

文禄四年二月廿二日　宣旨

豊臣元康

宜叙従五位下

蔵人右中弁藤原（勧修寺）光豊奉

○元就子。厚狭毛利氏の祖。

○二三五　毛利元康宛口宣案　○毛利博物館所蔵毛利家旧蔵文書

上卿　今出川（季持）中納言

文禄四年二月廿二日　宣旨

従五位下豊臣元康

宜任大蔵大輔

蔵人右中弁藤原（勧修寺）光豊奉

○二三六　宍戸元次宛口宣案　○萩藩閥閲録巻一

上卿　勧修寺大納言（晴豊）

文禄四年二月廿七日　宣旨

豊臣元次

宜叙従五位下

蔵人右少弁藤原（甘露寺）経遠奉

○毛利輝元家臣。

○二三七　宍戸元次宛口宣案　○萩藩閥閲録巻一

上卿　勧修寺大納言（晴豊）

文禄四年二月廿七日　宣旨

従五位下豊臣元次

宜任備前守

蔵人右少弁藤原（甘露寺）経遠奉

○二三八　永井直勝宛口宣案　○永井寺所蔵

上卿　広橋中納言（兼勝）

文禄四年三月廿日　宣旨

豊臣直勝

宜叙従五位下

蔵人右中弁藤原（勧修寺）光豊奉

○徳川家康家臣。『お湯殿の上の日記』文禄四年三月二十一日条に家康家臣十四人が諸大夫成した記事があり、その一人となる。

〇二三九　永井直勝宛口宣案　〇永井寺所蔵

上卿　広橋中納言（兼勝）

文禄四年三月廿日　宣旨

従五位下豊臣直勝

宜任右近大夫

蔵人右中弁藤原光豊（勧修寺）奉

〇二四〇　松平康重宛口宣案　〇光西寺所蔵文書

上卿　今出川中納言（季持）

文禄四年三月廿日　宣旨

豊臣康重

宜叙従五位下

蔵人右中弁藤原光豊（勧修寺）奉

〇徳川家康家臣。『お湯殿の上の日記』文禄四年三月二十一日条に家康家臣十四人が諸大夫成した記事があり、その一人となる。

〇二四一　松平康重宛口宣案　〇光西寺所蔵文書

上卿　今出川中納言（季持）

文禄四年三月廿日　宣旨

従五位下豊臣康重

宜任周防守

蔵人右中弁藤原光豊（勧修寺）奉

〇二四二　三浦重成宛口宣案　〇久我家文書

（上卿　久我大納言（敦通））

文禄四年三月廿日　宣旨
豊臣重成
宜叙従五位下
蔵人頭右大弁藤原（中御門）資胤奉

○徳川家康家臣。『お湯殿の上の日記』文禄四年三月二十一日条に家康家臣十四人が諸大夫成した記事があり、その一人となる。

○二四三　三浦重成宛口宣案　○久我家文書

（上卿　久我大納言（敦通））
文禄四年三月廿日　宣旨
従五位下豊臣重成
宜任監物
蔵人頭右大弁藤原（中御門）資胤奉

○二四四　加々爪政尚宛口宣案　○経遠口宣案

上卿　中山大納言（親綱）
文禄四年三月廿日　宣旨
豊臣政猶
宜叙従五位下
蔵人右少弁藤原（甘露寺）経遠奉

○徳川家康家臣。『お湯殿の上の日記』文禄四年三月二十一日条に家康家臣十四人が諸大夫成した記事があり、その一人となる。

○二四五　加々爪政尚宛口宣案　○経遠口宣案

上卿　中山大納言（親綱）
文禄四年三月廿日　宣旨
従五位下豊臣政猶

宜任備後守
蔵人右少弁藤原（甘露寺）経遠奉

加々爪江戸諸大夫

○一二四六　平岩親吉宛口宣案　○経遠口宣案

上卿　勧修寺（晴豊）大納言
文禄四年三月廿日　宣旨
豊臣親吉
宜叙従五位下
同任主計頭
蔵人――――（右少弁藤原（甘露寺）経遠奉）

平岩江戸諸大夫

○徳川家康家臣。『お湯殿の上の日記』文禄四年三月二十一日条に家康家臣十四人が諸大夫成した記事があり、その一人となる。

○一二四七　奥村永福宛口宣案　○経遠口宣案

上卿　中山（親綱）大納言
文禄四年三月廿七日　宣旨
豊臣家福
宜叙従五位下
同任伊与守
蔵――――（人右少弁藤原（甘露寺）経遠奉）

奥村加賀中納言諸大夫

○前田利家家臣。

○一二四八　神谷守隆宛口宣案　○金沢市中古文書

上卿　菊亭（季持）中納言
文禄四年三月廿七日　宣旨

豊臣守隆
宣叙従五位下
蔵人頭右大弁藤原（中御門）資胤奉

○前田利家家臣。

○二四九　神谷守隆宛口宣案　○金沢市中古文書

上卿　菊亭（季持）中納言
文禄四年三月廿七日　宣旨
従五位下豊臣守隆
宜任信濃守
蔵人頭右大弁藤原（中御門）資胤奉

○二五〇　小早川隆景宛口宣案　○小早川家文書

上卿　中山（親綱）大納言
文禄四年八月六日　宣旨
正四位下豊臣隆景朝臣
宜叙従三位
蔵人右中弁藤原（勧修寺）玄〔光〕豊奉

○『公卿補任』に従三位および権中納言昇進は記載無し。羽柴秀俊を養子に迎えることによる昇進で、文禄五年二月二日に従三位中納言昇進の勅許が成されている（『小早川家文書』一九六号）ので、本号・次号文書は日付を遡及したものとなる。

○二五一　小早川隆景宛口宣案　○小早川家文書

上卿　勧修寺（晴豊）大納言

文禄四年八月六日　宣旨
参議豊臣朝臣隆景
宜任権中納言
蔵人頭右大弁藤原（中御門）資胤奉

○二五二　二宮就辰宛口宣案　○萩藩閥閲録巻六四

上卿　勧修寺（晴豊）大納言
文禄四年十一月六日　宣旨
豊臣就辰
宜叙従五位下
蔵人頭右大弁藤原（中御門）資胤奉

○毛利輝元家臣。「中山親綱卿記」文禄四年十一月六日条に叙任勅許の記載がある。

○二五三　二宮就辰宛口宣案　○萩藩閥閲録巻六四

上卿　勧修寺（晴豊）大納言
文禄四年十一月六日　宣旨
従五位下豊臣就辰
宜任信濃守
蔵人頭右大弁藤原（中御門）資胤奉

○二五四　宇喜多秀隆宛口宣案　○勧修寺家旧蔵記録一三七

上卿　久我（敦通）大納言
文禄四
慶長二年十二月五　宣旨
〻〻〻
豊臣秀隆
宜叙従五位下　備前浮田

蔵人右中弁藤原(勧修寺)光豊奉

○備前宇喜多氏。秀家子。秀隆の叙位は、実際には慶長二年九月に行われており、本文書は段階を踏んで昇進したように見せるため、日付を遡及して作られたもの。

慶長元年（文禄五・西紀一五九六）

○二二五五　山高親重宛口宣案　○柳原家記録 資勝卿符案

上卿　中山(親綱)大納言

文――（禄五年）正月十三日　　豊臣親重

叙従五位下任釆女正

（蔵人左中弁藤原(日野)資勝奉）

○徳川家康家臣。

○二五六　永井直勝宛口宣案　○柳原家記録資勝卿符案

上卿　中山大納言（親綱）

文――（禄五年）二月七日

豊臣直勝

叙従五位下任右近大夫

（蔵人左中弁藤原（日野）資勝奉）

○徳川家康家臣。口宣案自体は文禄四年三月二十日付ですでに出されている。それとの関係は不明。

○二五七　某宗信宛口宣案　○久我家文書

（上卿　久我大納言（敦通））

文禄五年三月二日　宣旨

豊臣宗信

宜叙従五位下

蔵人頭右大弁藤原（中御門）資胤奉

○不明。

○二五八　某宗信宛口宣案　○久我家文書

（上卿　久我大納言（敦通））

文禄五年三月二日　宣旨

従五位下豊臣宗信

宜任左馬允

蔵人頭右大弁藤原（中御門）資胤奉

〇二五九　羽柴秀弘宛口宣案　〇久我家文書

（上卿　久我大納言（敦通））
文禄五年三月二日　宣旨
豊臣秀弘
宣叙従五位下
蔵人頭左大弁藤原（葉室）頼宣奉

〇不明。羽柴長吉。伊達政宗の子秀宗か。あるいは織田氏の子などか。

〇二六〇　羽柴秀弘宛口宣案　〇久我家文書

（上卿　久我大納言（敦通））
文禄五年三月二日　宣旨
従五位下豊臣秀弘
宣任侍従
蔵人頭左大弁藤原（葉室）頼宣奉

〇二六一　奥村栄明宛口宣案　〇経遠口宣案

上卿　大炊御門大納言（経頼）
文禄五年三月二日　宣旨
従五位下奥村河内守
豊臣栄明
宣叙従五位下
同任河内守
蔵————（人右少弁藤原（甘露寺））経遠奉

〇前田利家家臣。永福子。

〇二六二　内藤清成宛口宣案　〇柳原家記録資勝卿符案

上卿　勧修寺（晴豊）大納言

文――（禄五年）三月廿日　　豊臣清成

叙従五位下任修理

亮

（蔵人左中弁藤原（日野）資勝奉）

〇徳川家康家臣。

〇二六三　奥平家昌宛口宣案　〇柳原家記録資勝卿符案

上卿　中山（親綱）大納言

文――（禄五年三月廿日）　　豊臣家昌

叙従五位下任

大膳太《大》夫

（蔵人左中弁藤原（日野）資勝奉）

〇徳川家康家臣。

〇二六四　小出秀政宛口宣案　〇柳原家記録資勝卿符案

上卿　勧修寺（晴豊）大納言

文――（禄五年三月廿日）　　豊臣秀政

叙従五位下任

上野介

（蔵人左中弁藤原（日野）資勝奉）

〇羽柴秀吉家臣。

○二六五　柌杜元縁宛口宣案 ○萩藩譜録

上卿　万里小路中納言（充房）

文禄五年四月廿六日　宣旨

豊臣元縁

宜叙従五位下

蔵人権右少弁藤原（柳原）資淳奉

○毛利輝元家臣。

○二六六　柌杜元縁宛口宣案 ○萩藩譜録

上卿　万里小路中納言（充房）

文禄五年四月廿六日　宣旨

従五位下豊臣元縁

宜任下野守

蔵人権右少弁藤原（柳原）資淳奉

慶長元年（一五九六）

○二六七　高力正長宛口宣案 ○柳原家記録資勝卿符案

上卿　勧修寺大納言（晴豊）

文――（禄五年）四月廿九日

豊臣政長

叙従五位下任土

左守

（蔵人左中弁藤原（日野）資勝奉）

○徳川家康家臣。

○二六八　宮城豊盛宛口宣案 ○久我家文書

（上卿　久我大納言（敦通））

文禄五年五月十一日　宣旨
豊臣定勝
宜叙従五位下
蔵人頭右大弁藤原（中御門）資胤奉

○羽柴秀吉家臣。

○二六九　宮城豊盛宛口宣案　○久我家文書

（上卿　久我（敦通）大納言）
文禄五年五月十一日　宣旨
従五位下豊臣定勝
宜任丹波守
蔵人頭右大弁藤原（中御門）資胤奉

○二七〇　富田重政宛口宣案　○久我家文書

（上卿　久我（敦通）大納言）
文禄五年五月十一日　宣旨
豊臣景政
宜叙従五位下
蔵人左少弁藤原（烏丸）光広奉

○前田利家家臣。

○二七一　富田重政宛口宣案　○久我家文書

（上卿　久我（敦通）大納言）
文禄五年五月十一日　宣旨
従五位下豊臣景政
宜任下野守

蔵人左少弁藤原（烏丸）光広奉

○二七二　富田貞高宛口宣案　○経遠口宣案

上卿　水無瀬（兼成）中納言

文禄五年五月十一日　宣旨

富田

豊臣貞高

宜叙従五位下

蔵――――（人右少弁藤原（甘露寺）経遠奉）

○羽柴秀吉家臣か。

慶長元年（一五九六）

○二七三　富田貞高宛口宣案　○経遠口宣案

上卿　同（水無瀬（兼成）中納言）

文――――（禄五年五月十一日　宣旨）

――――（従五位下豊臣貞高）

宜任丹波守

蔵――――（人右少弁藤原（甘露寺）経遠奉）

○二七四　熊谷元吉宛口宣案　○萩藩閥閲録巻一一三

上卿　広橋（兼勝）中納言

文禄五年五月十二日　宣旨

豊臣元吉

宜叙従五位下

蔵人頭右大弁藤原（中御門）資胤奉

○毛利輝元家臣。

○二七五　熊谷元吉宛口宣案　○萩藩閥閲録巻一一三

上卿　広橋中納言（兼勝）
文禄五年五月十二日　宣旨
従五位下豊臣元吉
宜任雅楽頭
蔵人頭右大弁藤原（中御門）資胤奉

○二七六　益田元祥宛口宣案　○益田家文書

上卿　菅中納言（東坊城盛長）
文禄五年五月十二日　宣旨
従五位下豊臣元祥
宜任玄蕃頭
蔵人右少弁藤原（甘露寺）経遠奉

○毛利輝元家臣。

○二七七　益田元祥宛口宣案　○経遠口宣案

上卿　式部大輔又　菅中納言（東坊城盛長）
文禄五年五月十二日
益田
豊—元祥
宣　叙従五位下
　任玄蕃頭
蔵人———（右少弁藤原（甘露寺））経遠（奉）

○二七八　天野（毛利）元政宛口宣案　○右田毛利家文書

上卿　広橋（兼勝）中納言

文禄五年五月十二日　宣旨

豊臣元政

宜叙従五位下

蔵人左少弁藤原（烏丸）光広奉

○毛利輝元家臣。毛利元就子、右田毛利家の祖。

○二七九　天野（毛利）元政宛口宣案　○天野毛利文書

上卿　広橋（兼勝）中納言

文禄五年五月十二日　宣旨

従五位下豊臣元政

宜任讃岐守

慶長元年（一五九六）

蔵人左少弁藤原（烏丸）光広奉

○右田毛利家文書では「従五位下」が無く「豊臣元政」のみ

○二八〇　榎本元吉宛口宣案　○萩藩閥閲録巻一八

上卿　日野（輝資）大納言

文禄五年五月十二日　宣旨

豊臣元吉

宜叙従五位下

蔵人右少弁藤原（甘露寺）経遠奉

○毛利輝元家臣。

〇二八一　榎本元吉宛口宣案　〇萩藩閥閲録巻一八

上卿　日野（輝資）大納言

文禄五年五月十二日　宣旨

従五位下豊臣元吉

宜任中務大輔

蔵人右少弁藤原（甘露寺）経遠奉

〇二八二　熊谷元貞宛口宣案　〇熊谷家文書

上卿　花山院（定熈）中納言

文禄五年五月十二日　宣旨

豊臣元貞

宜叙従五位下

蔵人権右少弁藤原（柳原）資淳奉

〇毛利輝元家臣。

〇二八三　熊谷元貞宛口宣案　〇熊谷家文書

上卿　花山院（定熈）中納言

文禄五年五月十二日　宣旨

従五位下豊臣元貞

宜任伊豆守

蔵人権右少弁藤原（柳原）資淳奉

〇二八四　桂元善宛口宣案　〇長府桂家文書

上卿　源（庭田重通）中納言

文禄五年五月十二日　宣旨

豊臣元善

宣叙従五位下
蔵人権右少弁藤原（柳原）資淳奉

○毛利輝元家臣。

○二八五　桂元善宛口宣案　○長府桂家文書

上卿　源中納言（庭田重通）
文禄五年五月十二日宣旨
従五位下豊臣元善
宜任主膳正
蔵人権右少弁藤原（柳原）資淳奉

○二八六　阿部正勝宛口宣案　○久我家文書

（上卿　久我大納言（敦通））
文禄五年五月十二日　宣旨
豊臣正勝
宜叙従五位下
蔵人右少弁藤原（甘露寺）経遠奉

○徳川家康家臣。

○二八七　阿部正勝宛口宣案　○経遠口宣案

上卿　久我大納言（敦通）
文禄五年五月十二日
阿部
豊臣正勝

慶長元年（一五九六）

宣叙従五位下

蔵――――（人右少弁藤原（甘露寺））経遠（奉）

○二八八　阿部正勝宛口宣案　○久我家文書

（上卿　久我大納言（敦通））

文禄五年五月十二日　宣旨

従五位下豊臣正勝

宜任伊与守

蔵人右少弁藤原（甘露寺）経遠奉

○二八九　阿部正勝宛口宣案　○経遠口宣案

（上卿　久我大納言（敦通））

文禄五　五　十二

従五位下豊臣正勝

宜任伊与守

蔵――――（人右少弁藤原（甘露寺）経遠奉）

○二九〇　松平家乗宛口宣案　○経遠口宣案

上卿　花山院中納言（定熈）

文禄五年五月十二日　宣旨

松平

豊臣家乗

宣　叙従五位下
　　任和泉守

蔵――――（人右少弁藤原（甘露寺））経遠奉

○徳川家康家臣。

○二九一　福原元頼宛口宣案　○経遠口宣案

上卿　水無瀬中納言（兼成）
文禄五年五月十二日　宣旨
福原
豊臣元頼
宜叙従五位下
任左近佐
蔵人――（右少弁藤原（甘露寺）経遠奉）

○毛利輝元家臣。

○二九二　羽柴尊信宛口宣案　○経遠口宣案

上卿　万里小路中納言（充房）
文禄五年五月十二日　宣旨
羽柴
豊臣尊信
宜叙従五位下
任左衛門佐
蔵――（人右少弁藤原（甘露寺）経遠奉）

○羽柴秀吉家臣。あるいは織田信高のことか。

○二九三　木下延重宛口宣案　○経遠口宣案

上卿　権中納言（正親町季秀カ）
文禄五年五月十四日　宣旨
木下
豊―重吉
宜叙従五位下
任周防守

蔵人――――（右少弁藤原（甘露寺）経遠奉）

○羽柴秀吉家臣。

○二九四　高山盛聡宛口宣案　○経遠口宣案

上卿　権中納言（正親町季秀カ）

文禄五年五月廿四日

裳懸

豊臣盛聡

宜　叙従五位下
　　任主水佑

蔵人――――（右少弁藤原（甘露寺）経遠奉）

○徳川家康家臣。

○二九五　乃美景尚宛口宣案　○乃美文書

上卿　水無瀬中納言（兼成）

文禄五年五月廿四日　宣旨

豊臣景尚

宜叙従五位下

蔵人右少弁藤原（甘露寺）経遠奉

○小早川隆景家臣。

○二九六　乃美景尚宛口宣案　○乃美文書

上卿　水無瀬中納言（兼成）

文禄五年五月廿四日　宣旨

従五位下豊臣景尚

宜任主殿助

蔵人右少弁藤原（甘露寺）経遠奉

○二九七　宇喜多秀隆宛口宣案　○経遠口宣案

上卿　勧修寺（晴豊）大納言

慶長元十二月五日　宣旨

従五位下豊臣秀隆

宣叙従五位上

蔵人――――（右少弁藤原（甘露寺）経遠）奉

○後世の遡及作。段階を踏んで昇進したように見せるために作成された。

○二九八　田丸直昌宛口宣案　○田丸文書

上卿　久我（敦通）大納言

慶長元年十二月十三日　宣旨

豊臣直昌

宣叙従五位下

蔵人左少弁藤原（烏丸）光広奉

○羽柴秀吉家臣、蒲生家与力（『言経卿記』文禄四年正月十日条）。『お湯殿の上の日記』慶長元年十二月十三日条に諸大夫になったことが見える。

○二九九　田丸直昌宛口宣案　○久我家文書

（上卿　久我（敦通）大納言）

慶長元年十二月十三日　宣旨

従五位下豊臣直昌

慶長元年（一五九六）

宣任中務大輔

蔵人左少弁藤原（烏丸）光広奉

〇三〇〇　関一政宛口宣案

○柳原家記録
総光卿符案

（上卿　中山（親綱）大納言）

慶――――（長元年十二月）十三日

豊臣一政

宜叙従五位下

蔵――――（人権右少弁藤原（広橋）総光奉）

○羽柴秀吉家臣。蒲生家与力。

〇三〇一　関一政宛口宣案

○柳原家記録
総光卿符案

（上卿　中山（親綱）大納言）

慶――――（長元年十二月十三日）

従五位下豊臣一政

宜任長門守

蔵――――（人権右少弁藤原（広橋）総光奉）

慶長二年（西紀一五九七）

○三〇二　宇喜多秀隆宛口宣案　○勧修寺家旧蔵記録一三七

上卿　中山大納言（親綱）

慶長二年正月五日　宣旨

従五位上豊臣秀隆

宜叙正五位下

蔵人頭右中弁藤原（勧修寺）光豊奉

備前浮田息

○後世の遡及作。段階を踏んで昇進したように見せるために作成された。

○三〇三　早川長成宛口宣案　○勧修寺家旧蔵記録一三七

上卿　久我大納言（敦通）

慶長二　正　十一　宣旨

豊臣長成　早川諸大夫

宜叙従五位下

蔵人頭右中弁（藤原）（勧修寺）光豊奉

○羽柴秀吉家臣。

○三〇四　早川長成宛口宣案　○久我家文書（「勧修寺家旧蔵記録一三七」にもあり）

（上卿　久我大納言（敦通））

慶長二年正月十一日　宣旨

従五位下豊臣長成

慶長二年（一五九七）

宣任武蔵守

蔵人頭右中弁藤原（勧修寺）光豊奉

○三〇五　桑原重俊宛口宣案　○勧修寺家旧蔵記録一三七

上卿　中山（親綱）大納言

慶長二　五　十七　宣旨

豊臣重俊

桑原
太閤諸大夫

宣叙従五位下

蔵人頭右中弁藤原（勧修寺）光豊奉

○羽柴秀吉家臣。

○三〇六　桑原重俊宛口宣案　○勧修寺家旧蔵記録一三七

同
同（上卿　中山（親綱）大納言）

慶長二　五　十七　宣、

従五位下豊臣重俊

宣任和泉守

蔵人頭――――（右中弁藤原（勧修寺）光豊）奉

○三〇七　青木重吉宛口宣案　○久我家文書

（上卿　久我（敦通）大納言）

慶長二年七月廿一日　宣旨

従五位下豊臣重吉

宣任侍従

蔵人左少弁藤原（烏丸）光広奉

○羽柴秀吉家臣、秀吉の親類衆（従兄弟か）。

○三〇八　福島正則宛口宣案

○柳原家記録 総光卿符案

上卿　中山（親綱）大納言

慶―――（長二年）七月廿六日

豊臣正則

宣叙従五位下

蔵―――（人権右少弁藤原（広橋）総光奉）

○三〇九　福島正則宛口宣案

○柳原家記録 総光卿符案

上（卿　中山（親綱）大納言）

慶―――（長二年七月廿六日）

従五位下豊臣正則

宣任侍従

蔵―――（人権右少弁藤原（広橋）総光奉）

○三一〇　某政良宛口宣案

○柳原家記録 総光卿符案

上卿勧修寺（晴豊）大納言

慶―――（長二年）九月十三日

豊臣政良

宣叙従五位下

蔵―――（人権右少弁藤原（広橋）総光奉）

○羽柴秀吉家臣か。

○三一一　某政良宛口宣案

○柳原家記録 総光卿符案

上―（卿　勧修寺（晴豊）大納言）

慶―――（長二年九月十三日）

従五位下豊臣政良

宣任伊賀守

慶長二年（一五九七）

蔵―――（人権右少弁藤原（広橋）総光奉）

従五位下豊臣正良

宣任河内守

蔵人―――（頭右中弁藤原（勧修寺）光豊）奉

高田諸大夫

○三一二　高田治忠宛口宣案　○勧修寺家旧蔵記録一三七

上卿　日野新大納言（輝資）

慶長二年九月十五日　宣旨

豊臣正良

宣叙従五位下

蔵人頭右中弁藤原（勧修寺）光豊奉

○羽柴秀吉家臣。

○三一三　高田治忠宛口宣案　○勧修寺家旧蔵記録一三七

同　同（上卿　日野新大納言（輝資））

慶長―――（二年九月十五日）宣、

○三一四　宇喜多秀隆宛口宣案　○久我家文書

（上卿　久我大納言（敦通））

慶長二年九月廿七日　宣旨

正五位下豊臣秀徳

宣任侍従

蔵人左少弁藤原（烏丸）光広奉

〇三一五　某長治宛口宣案

〇柳原家記録総光卿符案

上卿　花山院（定熙）中納言

慶——（長二年九月）廿七日

豊臣長治

宣叙従五位下

蔵——（人権右少弁藤原（広橋）総光奉）

〇羽柴秀吉家臣か。

〇三一六　某長治宛口宣案

〇柳原家記録総光卿符案

上——（卿　花山院（定熙）中納言）

慶——（長二年九月廿七日）

従五位下豊臣長治

宜任主殿頭

蔵——（人権右少弁藤原（広橋）総光奉）

〇三一七　某元近宛口宣案

〇経遠口宣案

上卿　持明院（基孝）中納言

慶長二年九月廿七日

豊臣元近

宣叙従五位下

蔵——（人右少弁藤原（甘露寺）経遠）奉

同任和泉守

〇不明。

○三一八　木下秀勝宛口宣案　○経遠口宣案

上卿　日野（輝資）大納言

慶長二年九月廿七日　宣旨

豊臣秀勝　若狭

宜叙従五位下

蔵人右少弁――（藤原（甘露寺）経遠奉）

宜任侍従

蔵――――（人右少弁藤原（甘露寺）経遠奉）

○木下勝俊子か。『お湯殿の上の日記』慶長三年四月二十日条に「わかさのしゝう」木下勝俊の子が公家成したことが見え、「若狭」の注記から、右の秀勝はこの勝俊子と見られる。おそらく慶長二年九月二十八日に少将、ついで中将に任官した羽柴秀頼（『言経卿記』）に合わせて、日付を遡及したか。

○三一九　島津義久宛口宣案　○勧修寺家旧蔵記録一三七

上卿　日野（輝資）大納言

慶長二年九月廿七日　宣旨

龍伯　島津

宜叙三位法印

蔵人頭右中弁藤原（勧修寺）光豊奉

○薩摩島津氏。

○三二〇　柴田安定宛口宣案　○勧修寺家旧蔵記録一三七

上卿　持明院（基孝）中納言

慶長二年九廿七日　宣旨

豊臣安定

宜叙従五位下

蔵人頭右中弁藤原(勧修寺)光豊奉
柴田諸大夫

○羽柴秀吉家臣。

○三三一　柴田安定宛口宣案　○勧修寺家旧蔵記録一三七

上卿　持明院中納言(基孝)
慶長――――（二年九月廿七日）　宣旨
従五位下豊臣安定
宜任越後守　柴田諸大夫
蔵人――――（頭右中弁藤原(勧修寺)光豊）奉

○三三二　宇喜多秀隆宛口宣案　○久我家文書

（上卿　久我大納言(敦通)）
慶長二年九月廿八日　宣旨
正五位下豊臣秀徳
宜叙従四位下
蔵人左少弁藤原(烏丸)光広奉

○三三三　某忠文宛口宣案　○久我家文書

（上卿　久我大納言(敦通)）
慶長二年九月廿八日　宣旨
豊臣忠文
宜叙従五位下
蔵人左少弁藤原(烏丸)光広奉

○羽柴秀吉家臣か。秀頼の叙任にともなう諸大夫成か。

○三二四　某忠文宛口宣案　○久我家文書

（上卿　久我大納言（敦通））

慶長二年九月廿八日　宣旨

従五位下豊臣忠文

宜任宮内卿（マヽ）

蔵人左少弁藤原（烏丸）光広奉

○三二五　某賢忠宛口宣案　○柳原家記録総光卿符案

上卿　勧修寺大納言（晴豊）

慶―――（長二年九月）廿八日

豊臣賢忠

宜叙従五位下

蔵―――（人権右少弁藤原（広橋）総光奉）

○羽柴秀吉家臣か。秀頼の叙任にともなう諸大夫成か。

○三二六　某賢忠宛口宣案　○柳原家記録総光卿符案

上―――（卿　勧修寺大納言（晴豊））

慶―――（長二年九月廿八日）

従五位下豊臣賢忠

宜任参河守

蔵―――（人権右少弁藤原（広橋）総光奉）

○三二七　郡宗保宛口宣案　○柳原家記録総光卿符案

上卿　持明院中納言（基孝）

慶——（長二年九月廿八日）

豊臣宗保

宣叙従五位下

蔵——（人権右少弁藤原（広橋）総光奉）

○羽柴秀吉家臣。秀頼の叙任にともなう諸大夫成か。

○三二八　郡宗保宛口宣案　○柳原家記録総光卿符案

上——（卿　持明院中納言（基孝））

慶——（長二年九月廿八日）

従五位下豊臣宗保

宜任主馬首

蔵——（人権右少弁藤原（広橋）総光奉）

○三二九　伏屋為長宛口宣案　○経遠口宣案

上卿　菅中納言（東坊城盛長）

慶長二年九月廿八日　宣旨

豊臣為長

宜叙従五位下

蔵人右少弁——（藤原（甘露寺）経遠奉）

○羽柴秀吉家臣。秀頼の叙任にともなう諸大夫成か。

○三三〇　伏屋為長宛口宣案　○経遠口宣案

上卿　同（菅中納言（東坊城盛長））

慶長二年（一五九七）

慶長二年九月廿八日　宣旨
従五位下豊臣為長
宜任左衛門佐
――――（蔵人右少弁藤原（甘露寺）経遠奉）

○三三一　某是重宛口宣案　○経遠口宣案

上卿　水無瀬中納言（兼成）
慶長二九廿八　宣旨
豊―是重
宜叙従五位下
蔵人――――（右少弁藤原（甘露寺）経遠）奉
同任飛騨守

○羽柴秀吉家臣か。秀頼の叙任にともなう諸大夫成か。

○三三二　小出秀家宛口宣案　○勧修寺家旧蔵記録一三七

上卿　権中納言（正親町季秀カ）
慶長二年九月廿八日　宣旨
豊臣秀家
宜叙従五位下
蔵人頭右中弁藤原（勧修寺）光豊奉

○羽柴秀吉家臣。秀頼の叙任にともなう諸大夫成か。

○三三三　小出秀家宛口宣案　○勧修寺家旧蔵記録一三七

同　同（上卿　権中納言（正親町季秀カ））
慶長――――（二年九月廿八日　宣旨）
従五位下豊臣秀家
宜任遠江守

蔵人――――（頭右中弁藤原（勧修寺）光豊奉）

小出諸大夫

○三三四　水原吉勝宛口宣案　○勧修寺家旧蔵記録一三七

上卿　日野新大納言（輝資）

慶長二年九月廿八日　宣旨

豊臣吉勝

宜叙従五位下

蔵人――――（頭右中弁藤原（勧修寺）光豊）奉

○羽柴秀吉家臣。秀頼の叙任にともなう諸大夫成か。

○三三五　水原吉勝宛口宣案　○勧修寺家旧蔵記録一三七

同　同（上卿　日野新大納言（輝資））

慶長――――（二年九月廿八日　宣旨）

従五位下豊臣吉勝

宜任石見守

蔵人――――（頭右中弁藤原（勧修寺）光豊奉）

水原諸大夫

○三三六　石尾治一宛口宣案　○勧修寺家旧蔵記録一三七

上卿　花山院中納言（定凞）

慶長二年九月廿八日　宣旨

豊臣治一

宜叙従五位下

蔵人――――（頭右中弁藤原（勧修寺）光豊奉）

○羽柴秀吉家臣。秀頼の叙任にともなう諸大夫成か。

○三三七　石尾治一宛口宣案　○勧修寺家旧蔵記録一三七

同
同（上卿　花山院（定熙）中納言）
慶長——（二年九月廿八日　宣旨）
従五位下豊臣治一
宜叙下野守
蔵人——（頭右中弁藤原（勧修寺）光豊奉）
石尾諸大夫

○三三八　寺西是成宛口宣案　○久我家文書

（上卿　久我（敦通）大納言）
慶長二九月廿九日　宣旨
豊臣是成
宜叙従五位下
蔵人頭左中弁藤原（日野）資勝奉

○羽柴秀吉家臣。秀頼の昇進にともなう諸大夫成か。

○三三九　寺西是成宛口宣案　○久我家文書

（上卿　久我（敦通）大納言）
慶長二年九月廿九日　宣旨
従五位下豊臣是成
宜任下野守
蔵人頭左中弁藤原（日野）資勝奉

○三四〇　某盛吉宛口宣案　○柳原家記録 総光卿符案

上卿　日野（輝資）大納言

慶——（長二年九月）廿九日

豊臣盛吉

宜叙従五位下

蔵——（人権右少弁藤原（広橋）総光奉）

○羽柴秀吉家臣か。秀頼の昇進にともなう諸大夫成か。

○三四一　某盛吉宛口宣案　○柳原家記録 総光卿符案

上卿——（日野（輝資）大納言）

慶——（長二年九月廿九日）

従五位下豊臣盛吉

宜任右京進

蔵——（人権右少弁藤原（広橋）総光奉）

○三四二　石川三長宛口宣案　○柳原家記録 総光卿符案

（上卿　水無瀬（兼成）中納言）

慶——（長二年九月廿九日）

豊臣三長

宜叙従五位下

蔵——（人権右少弁藤原（広橋）総光奉）

○羽柴秀吉家臣。吉輝（数正）子。秀頼の昇進にともなう諸大夫成か。

〇三四三　石川三長宛口宣案　〇柳原家記録 総光卿符案

（上卿　水無瀬中納言（兼成））
慶——（長二年九月廿九日）
従五位下豊臣三長
宜任式部大輔
蔵——（人権右少弁藤原（広橋）総光奉）

〇三四四　小西ヵ長政宛口宣案　〇経遠口宣案

上卿　日野大納言（輝資）
慶長二年九月廿九日　宣旨
豊臣長政
宜叙従五位下
——（蔵人右少弁藤原（甘露寺）経遠奉）
同任和泉守

〇羽柴秀吉家臣。小西行長一族もしくは弟か。秀頼の昇進にともなう諸大夫成か。

〇三四五　某正康宛口宣案　〇経遠口宣案

上卿　勧修寺大納言（晴豊）
慶長二年九廿九　宣旨
豊臣正康
宜叙従五位下
蔵人——（右少弁藤原（甘露寺）経遠）奉
同任長門守

〇羽柴秀吉家臣か。秀頼の昇進にともなう諸大夫成か。

○三四六　某保高宛口宣案　○経遠口宣案

上卿　持明院中納言（基孝）

慶長二九廿九　宣旨

豊臣保高

宣叙従五位下

蔵人――――（右少弁藤原（甘露寺）経遠）奉

同任豊後守

○羽柴秀吉家臣か。秀頼の昇進にともなう諸大夫成か。

○三四七　堀直政宛口宣案　○経遠口宣案

上卿　日野新大納言（輝資）

慶長二年九月廿九日　宣旨

豊臣直政

宣叙従五位下

蔵――――（人右少弁藤原（甘露寺）経遠）奉

同任監物

○堀秀政従兄弟。

○三四八　石田朝成宛口宣案　○勧修寺家旧蔵記録一三七

上卿　菅中納言（東坊城盛長）

慶長二年九月廿九日　宣旨

豊臣長次

宣叙従五位下

蔵人――――（頭右中弁藤原（勧修寺）光豊）奉

○羽柴秀吉家臣。石田正澄子。秀頼の叙任にともなう諸大夫成か。

○三四九　石田朝成宛口宣案　○勧修寺家旧蔵記録一三七

同　同（上卿　菅中納言（東坊城盛長））

慶長――――（二年九月廿九日　宣旨）

従五位下豊臣長次

宜任右近大輔

蔵人――――（頭右中弁藤原（勧修寺）光豊奉）

石田諸大夫

○三五〇　松倉重政宛口宣案　○勧修寺家旧蔵記録一三七

上卿　日野新大納言（輝資）

慶長二年九月廿九日　宣旨

豊臣重正

宜叙従五位下

蔵人――――（頭右中弁藤原（勧修寺）光豊奉）

○羽柴秀吉家臣。秀頼の叙任にともなう諸大夫成か。

○三五一　松倉重政宛口宣案　○勧修寺家旧蔵記録一三七

同　同（上卿　日野新大納言（輝資））

慶長――――（二年九月廿九日　宣旨）

従五位下豊臣重正

宜任豊後守

蔵人――――（頭右中弁藤原（勧修寺）光豊奉）

松倉諸大夫

○三五二　浅野長重宛口宣案　○久我家文書

（上卿　久我大納言（敦通））

慶長二年十月一日　宣旨

豊臣長則
宜叙従五位下
蔵人頭左中弁藤原（日野）資勝奉

○浅野長政子。

○三五三　浅野長重宛口宣案　○久我家文書

（上卿　久我（敦通）大納言）
慶長二年十月一日　宣旨
従五位下豊臣長則
宜任采女正
蔵人頭左中弁藤原（日野）資勝奉

○三五四　最上義康宛口宣案　○勧修寺家旧蔵記録一三七

上卿　水無瀬（兼成）中納言
慶長二年十月一日　宣旨
豊臣義康
宜叙従五位下
蔵人――――（頭右中弁藤原（勧修寺）光豊奉）

○最上義光子。

○三五五　最上義康宛口宣案　○勧修寺家旧蔵記録一三七

同　同（上卿　水無瀬（兼成）中納言）
慶長（二年十月一日　宣旨）
従五位下豊臣義康
宜任修理大夫

慶長二年（一五九七）

蔵人――――（頭右中弁藤原（勧修寺）光豊奉）

山形諸大夫

○三五六　分部光嘉宛口宣案　○分部文書

上卿　久我（敦通）大納言

慶長二年十二月十日　宣旨

豊臣光嘉

宜叙従五位下

蔵人頭左中弁藤原（日野）資勝奉

○羽柴秀吉家臣。

○三五七　分部光嘉宛口宣案　○分部文書

上卿　久我（敦通）大納言

慶長二年十二月十日　宣旨

従五位下豊臣光嘉

宜任左京亮

蔵人頭左中弁藤原（日野）資勝奉

慶長三年（西紀一五九八）

〇三五八　平野長泰宛口宣案　〇平野文書

上卿　中山中納言（慶親）

慶長三年三月十五日　宣旨

豊臣長勝

宜叙従五位下

蔵人頭右中弁藤原（勧修寺）光豊奉

〇羽柴秀吉家臣。『お湯殿の上の日記』慶長三年三月十七日条に諸大夫成したことが見える某のことか。

〇三五九　平野長泰宛口宣案　〇平野文書

上卿　中山中納言（慶親）

慶長三年三月十五日　宣旨

従五位下豊臣長勝

宜任遠江守

蔵人頭右中弁藤原（勧修寺）光豊奉

〇三六〇　丹羽長重宛口宣案　〇久我家文書

（上卿　久我大納言（敦通））

慶長三年四月十五日　宣旨

左近衛権少将豊臣長重

宜任参議

蔵人頭右中弁藤原（勧修寺）光豊奉

○丹羽長秀子。『お湯殿の上の日記』慶長三年四月十六日条に宰相成したとある。

○三六一　村上カ武吉宛口宣案　○柳原家記録総光卿符案

上卿大炊御門大納言（経頼）

慶――（長三年四月）十五日　――（宣旨）

豊臣武吉

宣叙従五位下

蔵――（人権右少弁藤原（広橋）総光奉）

○村上武吉であるならば毛利輝元家臣。

○三六二　村上カ武吉宛口宣案　○柳原家記録総光卿符案

上卿――（大炊御門大納言（経頼））

慶――（長三年四月十五日）――（宣旨）

従五位下豊臣武吉

宣任掃部頭

蔵――（人権右少弁藤原（広橋）総光奉）

○三六三　伊藤長俊宛口宣案　○経遠口宣案

上卿　右大将（西園寺実益）

慶長三年四月十五日　宣旨

豊臣長俊　伊藤

宣叙従五位下

蔵――（人右少弁藤原（甘露寺）経遠）奉

慶長――宣（旨）

宣任対馬守

（蔵人右少弁藤原（甘露寺）経遠奉）

○羽柴秀吉家臣。

慶長四年（西紀一五九九）

○三六四　相良頼房宛口宣案　○相良家文書

上卿　久我（敦通）大納言

慶長四年正月十一日　宣旨

豊臣頼房

宜叙従五位下

蔵人権右少弁藤原（広橋）総光奉

○肥後相良氏。義陽子。

○三六五　相良頼房宛口宣案　○相良家文書

上卿　久我大納言（敦通）

慶長四年正月十一日　宣旨

従五位下豊臣頼房

宜任左兵衛佐

蔵人権右少弁藤原（広橋）総光奉

○三六六　大村喜前宛口宣案　○経遠口宣案

上卿　久我大納言（敦通）

慶長四年正十一日　宣旨

豊臣喜前

宜叙従五位下　同丹波守

蔵――――（人右少弁藤原（甘露寺）経遠奉）

○肥前大村氏。純忠子。

○三六七　島津家久宛口宣案　○経遠口宣案

上卿　菅中納言（東坊城盛長）

慶長四年正月十一日　宣旨

豊臣忠恒

宜従五位下

蔵――――（人右少弁藤原（甘露寺）経遠）奉

○薩摩島津氏。義弘子。

○三六八　島津家久宛口宣案　○経遠口宣案

上卿　菅中納言（東坊城盛長）

慶長四年正月十一日　宣旨
従五位下豊臣忠恒
宜任侍従
蔵人右少弁藤原（甘露寺）経遠奉

○三六九　伊東祐兵宛口宣案　○伊東系譜

上卿　大炊御門（経頼）大納言
慶長四年正月十一日　宣旨
豊臣祐兵
宜叙従五位下
蔵人頭右中弁藤原（勧修寺）光豊奉

○日向伊東氏。義祐子。

○三七〇　伊東祐兵宛口宣案　○伊東系譜

上卿　大炊御門（経頼）大納言
慶長四年正月十一日　宣旨
従五位下豊臣祐兵
宜任豊後守
蔵人頭右中弁藤原（勧修寺）光豊奉

○三七一　筑紫広門宛口宣案　○筑紫文書

上卿　広橋（兼勝）大納言
慶長四年正月十一日　宣旨
豊臣茂成
宜叙従五位下
蔵人頭右中弁藤原（勧修寺）光豊奉

○筑後筑紫氏。広門弟で養子。

○三七二　筑紫広門宛口宣案　○筑紫文書

上卿　（広橋（兼勝）大納言）

慶長四年正月十一日　宣旨

従五位下豊臣茂成

宜任主水守

蔵人頭右中弁藤原（勧修寺）光豊奉

○三七三　大須賀忠政宛口宣案　○柳原家記録総光卿符案

（上卿　勧修寺（晴豊）大納言）

慶――（長四年四月）十七日　――（宣旨）

豊臣忠政

宜叙従五位下

蔵――（人権右少弁藤原（広橋）総光奉）

○徳川家康家臣。『お湯殿の上の日記』慶長四年四月十八日条で家康が執奏した諸大夫二人のうち一人が該当しよう。

○三七四　大須賀忠政宛口宣案　○柳原家記録総光卿符案

（上卿　勧修寺（晴豊）大納言）

慶――（長四年四月十七日）――（宣旨）

従五位下豊臣忠政

宜任出羽守

蔵――（人権右少弁藤原（広橋）総光奉）

〇三七五　某元次宛口宣案　〇柳原家記録総光卿符案

上卿　久我大納言（敦通）

慶――（長四年四月）十九日　――（宣旨）

豊臣元次

宜叙従五位下

蔵――（人権右少弁藤原（広橋）総光奉）

〇羽柴秀頼家臣。おそらく『お湯殿の上の日記』慶長四年四月二十日条で秀頼が執奏した諸大夫六人のうち一人であろう。

〇三七六　某元次宛口宣案　〇柳原家記録総光卿符案

上――（卿　久我大納言（敦通））

慶――（長四年四月十九日）――（宣旨）

従五位下豊臣元次

宜任山城守

蔵――（人権右少弁藤原（広橋）総光奉）

〇三七七　毛利秀就宛口宣案　〇毛利博物館所蔵毛利家旧蔵毛利家相伝文書

上卿　勧修寺（晴豊）大納言

慶長四年十月十一日　宣旨

豊臣秀就

宜叙従五位下

蔵人右少弁藤原（甘露寺）経遠奉

〇安芸毛利氏。輝元子。

慶長四年（一五九九）

○三七八　毛利秀就宛口宣案

○毛利博物館所蔵毛利家旧蔵毛利家相伝文書

上卿　勧修寺（晴豊）大納言

慶長四年十月十一日　宣旨

従五位下豊臣秀就

宜任侍従

蔵人右少弁藤原（甘露寺）経遠奉

○三七九　毛利秀就宛口宣案

○毛利博物館所蔵毛利家旧蔵毛利家相伝文書

上卿　勧修寺（晴豊）大納言

慶長四年十二月八日　宣旨

従五位下豊臣秀就

宜叙従四位下

蔵人右少弁藤原（甘露寺）経遠奉

○『お湯殿の上の日記』慶長四年十二月八日条に四品の御礼をしていることが見える。

○三八〇　某重成宛口宣案

○柳原家記録総光卿符案

上卿　勧修寺（晴豊）大納言

慶――（長四年十二月）十七日　――（宣旨）

豊臣重成

宜叙従五位下

蔵――（人左少弁藤原（広橋）総光奉）

○羽柴秀頼家臣。『お湯殿の上の日記』慶長四年十二月十七日条で秀頼が執奏した諸大夫一人のことであろう。

○三八一　某重成宛口宣案　○柳原家記録総光卿符案

上――（卿　勧修寺（晴豊）大納言）

慶――（長四年十二月十七日）――（宣旨）

従五位下豊臣重成

宜任出雲守

蔵――（人左少弁藤原（広橋）総光奉）

慶長五年（西紀一六〇〇）

○三八二　脇坂安元宛口宣案　○脇坂文書

上卿　葉室（頼宣）中納言

慶長五年正月十七日　宣旨

豊臣安元

宜叙従五位下

蔵人頭左近衛権中将藤原（園）基継奉

○羽柴秀頼家臣。安治子。

○三八三　津軽為信宛口宣案　○柳原家記録 総光卿符案

上卿家君也（広橋大納言（兼勝））

慶――（長五年正月）廿七日　――（宣旨）

源為信

宜任右京大夫

蔵――（人左少弁藤原（広橋）総光奉）

○陸奥津軽氏。「光豊公記」天正十九年正月二十四日条に「津かる」が諸大夫成したとあるが、それとの関係は不明。次号文書も含め、一度「豊臣」姓で出された口宣案を改めて書き直して出してもらったものか。

○三八四　津軽為信宛口宣案　○国文学資料館所蔵津軽家文書

上卿　広橋大納言（兼勝）

慶長五年正月廿七日　宣旨

藤原為信

宜任右京大夫

蔵人左少弁藤原（広橋）総光奉

○「源」姓から「藤原」姓に改めたことにより、書き改めて出された口宣。

○三八五　某忠能（松平忠良カ）宛口宣案　○柳原家記録 総光卿符案

上卿勧修寺大納言（晴豊）

慶――（長五年四月）十八日　――（宣旨）

豊臣忠能

宜叙従五位下

蔵――（人左少弁藤原（広橋）総光奉）

○松平忠良であれば徳川家康家臣。『お湯殿の上の日記』慶長五年四月十九日条で家康が執奏した諸大夫八人のうちの一人か。

○三八六　某忠能（松平忠良カ）宛口宣案　○柳原家記録　総光卿符案

上――（卿　勧修寺（晴豊）大納言）
慶――（長五年四月十八日）――（宣旨）
従五位下豊臣忠能
宜任甲斐守
蔵――（人左少弁藤原（広橋）総光奉）

○三八七　某慶氏宛口宣案　○柳原家記録　総光卿符案

上卿日野（輝資）大納言
慶――（長五年四月十八日）――（宣旨）
豊臣慶氏

宜叙従五位下
蔵――（人左少弁藤原（広橋）総光奉）

○先行研究では有馬氏とするが不明。『お湯殿の上の日記』慶長五年四月十九日条で秀頼が申請した諸大夫であれば秀頼家臣、同日条で家康が申請した諸大夫八人の一人であれば家康家臣。

○三八八　某慶氏宛口宣案　○柳原家記録　総光卿符案

上――（卿　日野（輝資）大納言）
慶――（長五年四月十八日）――（宣旨）
従五位下豊臣慶氏
宜任大蔵大輔
蔵――（人左少弁藤原（広橋）総光奉）

○三八九　柳川智永宛口宣案　○柳原家記録総光卿符案

上卿　右大将（西園寺実益）

慶――（長五年）六月十二日　――（宣旨）

豊臣智永

宜叙従五位下

蔵――（人左少弁藤原（広橋）総光奉）

○対馬宗義智家臣。

○三九〇　柳川智永宛口宣案　○柳原家記録総光卿符案

上卿――（右大将（西園寺実益））

慶――（長五年六月十二日）――（宣旨）

従五位下豊臣智永

宜任豊前守

蔵――（人左少弁藤原（広橋）総光奉）

○三九一　土屋忠直宛口宣案　○柳原家記録総光卿符案

上卿　日野大納言（輝資）

慶――（長五年）十一月十一日　――（宣旨）

源忠直

宜叙従五位下

蔵――（人左少弁藤原（広橋）総光奉）

○徳川家康家臣。

○三九二　土屋忠直宛口宣案　○柳原家記録総光卿符案

上――（卿　日野大納言（輝資））

慶――――（長五年十一月十一日）――――（宣旨）
従五位下源忠直
宣任民部少輔
蔵――――（人左少弁藤原（広橋）総光奉）

○三九三　山口重政宛口宣案　○柳原家記録総光卿符案

（上卿（西園寺実益）右大将）
慶――――（長五年十一月）十七日――――（宣旨）
藤原重政
宣叙従五位下
蔵――――（人左少弁藤原（広橋）総光奉）

○徳川家康家臣。『お湯殿の上の日記』慶長五年十一月十七日条で諸大夫成した某か。

○三九四　山口重政宛口宣案　○柳原家記録総光卿符案

（上卿（西園寺実益）右大将）
慶――――（長五年十一月十七日）――――（宣旨）
従五位下藤原重政
宣任但馬守
蔵――――（人左少弁藤原（広橋）総光奉）

此重政口宣、自菊亭前大納言経季正保二七四ニ給ル、氏多々良ト可書改可申旨也、其旨申入家君、予可書改ニヨリ同七月八日ニ書遣者也、右之口宣二通此符案可結置也、

○三九五　堀直重宛口宣案　○柳原家記録総光卿符案

上卿（東坊城盛長）式部大輔）
慶――――（長五年）十一月十七日――――（宣旨）
藤原直重

宣叙従五位下

蔵――――（人左少弁藤原（広橋）総光奉）

○直政子。

○三九六　堀直重宛口宣案　○柳原家記録総光卿符案

上――（卿　式部大輔（東坊城盛長））

慶――――（長五年十一月十七日）――――（宣旨）

従五位下藤原直重

宜任淡路守

蔵――――（人左少弁藤原（広橋）総光奉）

○三九七　皆川隆庸宛口宣案　○皆川文書

上卿　勧修寺大納言（晴豊）

慶長五年十一月十九日　宣旨

藤原重宣

宜叙従五位下

蔵人権右少弁藤原（坊城）俊昌奉

○徳川家康家臣。広照子。『お湯殿の上の日記』慶長五年十一月十八日条に見える徳川秀忠諸大夫十三人の一人か。

○三九八　皆川隆庸宛口宣案　○皆川文書

上卿　勧修寺大納言（晴豊）

慶長五年十一月十九日　宣旨

従五位下藤原重宣

宣任志摩守

蔵人権右少弁藤原（坊城）俊昌奉

慶長六年（西紀一六〇一）

〇三九九　徳川秀忠宛口宣案　〇菊亭文書

上卿　広橋（兼勝）大納言

慶長六年三月廿八日　宣旨

権中納言源朝臣忠

宣任権大納言

蔵人頭左中弁藤原（烏丸）光広奉

〇四〇〇　津軽信牧宛口宣案　〇国文学資料館所蔵津軽家文書

上卿　広橋（兼勝）大納言

慶長六年五月十一日　宣旨

藤原信枚

宜叙従五位下

蔵人右少弁藤原（柳原）資俊奉

○陸奥津軽氏。為信子。『お湯殿の上の日記』慶長六年五月十一日条に見える家康諸大夫の一人か。当初は次々号のように「源」姓で出され、後に「藤原」姓に書き改めて、出し直されたと思われる。

○四〇一　津軽信牧宛口宣案　○国文学資料館所蔵津軽家文書

上卿　広橋（兼勝）大納言

慶長六年五月十一日　宣旨

従五位下藤原信枚

宜任越中守

蔵人右少弁藤原（柳原）資俊奉

○四〇二　津軽信牧宛口宣案写　○国文学資料館所蔵津軽家文書

上卿　広橋（兼勝）大納言

慶長六年五月十一日　宣旨

従五位下源信枚

宜任越中守

蔵人右少弁藤原（柳原）（資脱）俊奉

○四〇三　北条氏盛宛口宣案　○北条文書

上卿　万里小路（充房）大納言

慶長六年五月十一日　宣旨

平氏盛

宜叙従五位下

蔵人頭左中弁藤原（烏丸）光広奉

○徳川家康家臣。氏規子、氏直養子。『お湯殿の上の日記』慶長六年五月十一日条に見える家康諸大夫の一人か。

○四〇四　北条氏盛宛口宣案　○北条文書

上卿　万里小路大納言（充房）

慶長六年五月十一日　宣旨

従五位下平氏盛

宜任美濃守

蔵人頭左中弁藤原（烏丸）光広奉

○四〇五　水野勝成宛口宣案　○水野家文書

上卿　持明院中納言（基孝）

慶長六年五月十一日　宣旨

藤原勝成

宣叙従五位下

蔵人左少弁藤原（広橋）総光奉

○徳川家康家臣。忠重子。『お湯殿の上の日記』慶長六年五月十一日条に見える家康諸大夫の一人か。

○四〇六　水野勝成宛口宣案　○水野家文書

上卿　持明院中納言（基孝）

慶長六年五月十一日　宣旨

従五位下藤原勝成

宜任日向守

蔵人左少弁藤原（広橋）総光奉

○四〇七　榊原忠長宛口宣案　○柳原家記録総光卿符案

上卿　日野新大納言（輝資）

慶——（長六年）五月十一日　——（宣旨）

源忠朝

宜叙従五位下

蔵——（人左少弁藤原（広橋）総光奉）

○徳川家康家臣。康政子。『お湯殿の上の日記』慶長六年五月十一日条に見える家康諸大夫の一人か。

○四〇八　榊原忠長宛口宣案　○柳原家記録総光卿符案

上——（卿　日野新大納言（輝資））

慶——（長六年五月十一日）　——（宣旨）

従五位下源忠朝

宜任遠江守

蔵——（人左少弁藤原（広橋）総光奉）

○四〇九　松平重勝宛口宣案　○柳原家記録総光卿符案

上卿　花山院大納言（定熙）　源重勝　叙従五位下

慶——（長六年五月十一日）　任越前守

（蔵人左少弁藤原（広橋）総光奉）

○徳川家康家臣。重吉子。『お湯殿の上の日記』慶長六年五月十一日条に見える家康諸大夫の一人か。

○四一〇　本多正純宛口宣案　○柳原家記録総光卿符案

上卿　権中納言　藤原正純　叙従五位下

慶――――（長六年五月十一日）　任上野介
（蔵人左少弁藤原（広橋）総光奉）

○徳川家康家臣。正信子。『お湯殿の上の日記』慶長六年五月十一日条に見える家康諸大夫の一人か。

○四一一　松前盛広宛口宣案　○柳原家記録総光卿符案

上卿　中御門（資胤）中納言

源守広　叙従五位下

慶――――（長六年五月十一日）　任若狭守
（蔵人左少弁藤原（広橋）総光奉）

○蝦夷地松前氏。慶広子。『お湯殿の上の日記』慶長六年五月十一日条に見える家康諸大夫の一人か。

○四一二　鍋島忠茂宛口宣案　○経遠口宣案

上卿　万里小路（充房）大納言

慶長六年十二月三日　宣旨

藤原忠茂　同任和泉守

宣叙従五位下　鍋島

蔵人頭右中弁藤原（甘露寺）経遠奉

○肥前鍋島氏。勝茂子。

慶長七年（西紀一六〇二）

〇四一三　徳川家康宛口宣案　〇日光東照宮文書

口　宣案

上卿　大炊御門（経頼）大納言

慶長七年正月六日　宣旨

正二位源朝臣家

宣叙従一位

蔵人頭左中弁藤原（烏丸）光広奉

〇後世の作。

〇四一四　福島正則宛口宣案　〇柳原家記録総光卿符案

上卿　日野（輝資）大納言

慶長七年三月七日　宣旨

侍従豊臣正則朝臣　福島左衛門大夫也

宣任左近衛権少将

蔵人左少弁藤原（広橋）総光奉

〇『言経卿記』慶長七年三月九日条に、前日に少将拝任してこの日参内したとある。

〇四一五　某秀貞宛口宣案　〇経遠口宣案

上卿　（西園寺実益）右大将

慶長七年四月十日　宣旨

豊臣秀貞

宣叙従五位下
蔵人頭右中弁藤原(甘露寺)経遠奉
同任下総守月日同

○羽柴秀頼家臣か。

〇四一六　伊東祐慶宛口宣案　○士林証文

上卿　日野(輝資)大納言
慶長七年四月十日　宣旨
従五位下豊臣祐典
宣任修理大夫
蔵人頭右中弁藤原(甘露寺)経遠奉

○日向伊東氏。祐兵子。

〇四一七　伊東祐慶宛口宣案　○経遠口宣案

上卿　日野(輝資)大納言
慶長七年四月十日　宣旨
伊東
豊臣祐典
宣叙従五位下
蔵人頭右中弁藤原(甘露寺)経遠奉
同任修理大夫月日同

〇四一八　毛利高政宛口宣案　○柳原家記録総光卿符案

上卿　万里小路(充房)大納言
慶――（長七年）四月十日　――（宣旨）
藤原高政　毛利
宣叙従五位下
蔵――――（人左少弁藤原(広橋)総光奉）

○羽柴家家臣、後に徳川家康家臣。

○四一九　毛利高政宛口宣案

○柳原家記録 総光卿符案

上（卿　万里小路（充房）大納言）

慶——（長七年四月十日）——（宣旨）

従五位下藤原高政

宜任伊勢守

蔵——（人左少弁藤原（広橋）総光奉）

○四二〇　吉田保三宛口宣案

○柳原家記録 総光卿符案

上卿　権中納言

慶——（長七年四月）十一日

（吉田）豊臣保三　叙従五位下

任伊勢守

（蔵人左少弁藤原（広橋）総光奉）

○羽柴秀頼家臣か。

○四二一　津田重信宛口宣案

○柳原家記録 総光卿符案

上卿中御門中納言（資胤）

慶——（長七年四月十一日）

（津田）平　重信

叙従五位下

任出雲守

（蔵人左少弁藤原（広橋）総光奉）

○羽柴秀頼家臣。

○四二二　大野治房宛口宣案　○経遠口宣案

上卿　葉室（頼宣）中納言

慶長七年四月十一日　宣旨

大野
豊臣信吉

宣叙従五位下

蔵――――（人頭右中弁藤原（甘露寺）経遠）奉

同任主馬首月日同

○羽柴秀頼家臣。治長弟。

○四二三　羽柴秀弘宛口宣案　○経遠口宣案

上卿　中山（慶親）中納言

慶長七年四月十一日　宣旨

羽柴長吉也

正五位下豊臣秀弘

宣叙従四位下

蔵人頭右中弁――（藤原（甘露寺））経遠奉

○四二四　大沢基宿宛口宣案　○経遠口宣案

上卿　大炊御門（経頼）大納言

慶長七年五月一日　宣旨

大沢
正五位下藤原基宥

宣叙従四位下

蔵――――（人頭右中弁藤原（甘露寺））経遠奉

○徳川家康家臣。この日の家康参内にともなう叙位か。

○四二五　松平忠頼宛口宣案　○経遠口宣案

上卿　大炊御門大納言（経頼）

慶長七年五月廿四日　宣旨

源忠頼《松平》　同任左馬少允

宣叙従五位下

蔵人頭右中弁―（甘露寺）（藤原）経遠（奉）

○徳川家康家臣。

慶長八年（西紀一六〇三）

○四二六　加藤清正宛口宣案　○本妙寺文書

上卿　正親町中納言（季秀）

慶長八年三月廿五日　宣旨

従四位□（下）豊臣清正朝臣

宜任肥後守

蔵人左少弁藤原（坊城）俊昌奉

○羽柴秀吉家臣。家康参内に伴う任官。本来は従四位下に叙す口宣案も存在した。

○四二七　山内一豊宛口宣案　○山内家史料

上卿　日野（輝資カ）前大納言

慶長八年三月廿五日　宣旨

正五位下豊臣一豊

宜叙従四位下

蔵人頭左中弁藤原（烏丸）光広奉

○羽柴秀吉家臣。家康参内に伴う叙任。『お湯殿の上の日記』慶長八年三月二十六日条に見える四品を申した諸大夫九人の一人。

○四二八　山内一豊宛口宣案　○山内家史料伝

上卿　日野（輝資カ）前大納言

慶長八年三月廿五日　宣旨

従四位下豊臣一豊

宜任土佐守

蔵人頭左中弁藤原（烏丸）光広奉

○四二九　加藤明成宛口宣案　○近江水口加藤文書

上卿　右大将（西園寺実益）

慶長八年三月廿五日　宣旨

藤原茂晴

宜叙従五位下

蔵人右中弁藤原（広橋）総光奉

○嘉明子。家康参内に伴う叙任。『お湯殿の上の日記』慶長八年三月二十八日条に見える、諸大夫成の御礼をした十六人の一人。

○四三〇　加藤明成宛口宣案　○近江水口加藤文書

上卿　右大将（西園寺実益）

慶長八年三月廿五日　宣旨

従五位下藤原茂晴

宜任式部少輔

蔵人右中弁藤原（広橋）総光奉

○四三一　竹村勝長宛口宣案　○柳原家記録総光卿符案

上卿中山中納言（慶親）

慶―――（長八年三月）廿五日

（竹村）藤原勝長　叙従五位下

任伊豆守

（蔵人右中弁藤原（広橋）総光奉）

○池田輝政家臣か。家康参内に伴う叙任。『徳川実紀』東照宮御実紀巻五によれば、この時諸大夫成したのは十七人いるが、その中に名は見えない。

○四三二　浅野幸長宛口宣案　○柳原家記録総光卿符案

上卿持明院中納言（基孝）

慶―――（長八年三月廿五日）

（浅野）正五位下豊臣幸長　叙従四位下

任紀伊守

（蔵人右中弁藤原（広橋）総光奉）

○羽柴秀吉家臣。長政子。家康参内に伴う叙任。『お湯殿の上の日記』慶長八年三月二十六日条に見える四品を申した諸大夫九人の一人。

○四三三　蜂須賀至鎮宛口宣案　○柳原家記録　総光卿符案

上卿花山院(定煕)中納言

慶————（長八年三月廿五日）

蜂須賀
正五位下豊臣
豊雄　叙従四
位下
任阿波守

（蔵人右中弁藤原(広橋)総光奉）

○家政子。家康参内に伴う叙任。『お湯殿の上の日記』慶長八年三月二十六日条に見える四品を申した諸大夫九人の一人。

○四三四　生駒一正宛口宣案　○柳原家記録　総光卿符案

上卿大炊御門(経頼)大納言

慶————（長八年三月廿五日）

生駒
正五位下豊臣
一政
叙従四位下
任讃岐守

（蔵人右中弁藤原(広橋)総光奉）

○羽柴秀吉家臣。親正子。家康参内に伴う叙任。『お湯殿の上の日記』慶長八年三月二十六日条に見える四品を申した諸大夫九人の一人。

○四三五　松平重長宛口宣案　○柳原家記録　総光卿符案

上卿日野(輝資)大納言

慶————（長八年三月廿五日）

松平
源　重里
叙従五位下
任淡路守

（蔵人右中弁藤原(広橋)総光奉）

○徳川家康家臣。家康参内に伴う叙任か。『お湯殿の上の日記』慶長八年三月二十八日条に見える、諸大夫成の御礼をした十六人の一人。

○四三六　松平近次宛口宣案

○柳原家記録
総光卿符案

上卿万里小路大納言（充房）

慶――――（長八年三月廿五日）

源（同）一生

叙従五位下

任若狭守

（蔵人右中弁藤原（広橋）総光奉）

○徳川家康家臣。家康参内に伴う叙任か。『お湯殿の上の日記』慶長八年三月二十八日条に見える、諸大夫成の御礼をした十六人の一人。

○四三七　森可澄宛口宣案

○柳原家記録
総光卿符案

上卿中御門中納言（資胤）

慶――――（長八年三月廿五日）

源（森）元正

叙従五位下

任筑後守

（蔵人右中弁藤原（広橋）総光奉）

○徳川家康家臣。家康参内に伴う叙任か。『お湯殿の上の日記』慶長八年三月二十八日条に見える、諸大夫成の御礼をした十六人の一人。

○四三八　三好長直宛口宣案

○柳原家記録
総光卿符案

上卿中山中納言（慶親）

慶――――（長八年三月廿五日）

源（三好）長直

叙従五位下

任備中守

（蔵人右中弁藤原（広橋）総光奉）

○羽柴秀吉家臣、ついで徳川家康家臣。家康参内に伴う叙任か。『お湯殿の上の日記』慶長八年三月二十八日条に見える、諸大夫成の御礼をした十六人の一人。

○四三九　酒井忠康宛口宣案　○柳原家記録総光卿符案

不分明

慶――――（長八年三月廿五日）

藤原《酒井》忠康

叙従五位下

任丹波守

（蔵人右中弁藤原（広橋）総光奉）

○徳川家康家臣。家康参内に伴う叙任か。『お湯殿の上の日記』慶長八年三月二十八日条に見える、諸大夫成の御礼をした十六人の一人。

○参考三　本多正純折紙　○勧修寺家文書

加藤（清正）肥後守
浅野（幸長）紀伊守
黒田（長政）筑前守
蜂須賀（至鎮）阿波守
堀尾（忠氏）出雲守
山内（一豊）土佐守
田中（吉政）筑後守
生駒（一正）讃岐守
中村（忠一）伯耆守

本多上野介

三月廿四日　正純（花押）

勧修寺宰相（光豊）様

○在国受領任官をする者を列挙して記載した折紙。

○参考四　本多正純折紙　○勧修寺家文書

加藤式部少輔
　藤原茂晴（明成）
松平志摩守
　源康成
松平淡路守
　源重里（重長）
松平豊後守
　源勝正（勝政）
松平肥後守
　源正久
松平若狭守
　源一生（近次）
佐々木民部大輔
　源高和
石川主殿助

　源尭若（忠総）
酒井丹後守
　藤原忠康
内藤右京進
　藤原正成
三好越後守
　源可正
（以下折返）
三好備中守
　源長直
森筑後守
　源元正（可澄）
近藤信濃守
　藤原正成
秋元但馬守
　藤原泰朝
板倉伊賀守

藤原勝重

本多上野介

三月廿四日（慶長八年）　正純（花押）

勧修寺宰相（光豊）様

○諸大夫成する者を列挙した折紙。『お湯殿の上の日記』慶長八年三月二十八日条に見える、諸大夫成の御礼をした十六人と人数が合致する。

○四四〇　羽柴秀頼宛口宣案　○柳原家記録 総光卿符案

上卿　日野（輝資）大納言

慶——（長八年四月）廿二日　——（宣旨）

権大納言豊臣朝臣秀

宜任内大臣

蔵——（人右中弁藤原総光（広橋）奉）

○秀吉子。『言経卿記』・『時慶卿記』慶長八年四月二十二日条に内大臣任官が見える。

慶長九年（西紀一六〇四）

〇参考五　〇御官位位記口宣年月日

慶長九年正月五日

義知

叙正五位下

〇徳川家康子義直のこと。義直が実際に叙任を受けたのが、元服した慶長十一年八月のことなので、これは後世に日付を遡及して口宣案を作成したときのもの。

〇参考六　徳川家康黒印状　〇勧修寺家文書

四品　松平伊豆守（信一）

四品　堀尾帯刀（吉晴）

四品　皆川山城守（広照）

諸大夫　松平勘四郎（信吉）

諸大夫　松平丹波守（康長）

諸大夫　松平又八（忠利）

諸大夫　水野内匠頭（分長）

諸大夫　土岐山城守（定義）

諸大夫　西尾内膳正（忠永カ）

諸大夫　亀井新十郎（政矩）

諸大夫　分部辰介（光信）

諸大夫　三好新右衛門尉（房一）

諸大夫　三好為三

諸大夫　森惣兵衛（可政）

諸大夫　能勢惣左衛門尉（頼次）

諸大夫　水野新右衛門尉（長勝）
諸大夫　遠山民部少輔（利景）
諸大夫　山口勘兵衛（直友）
諸大夫　城和泉守（昌茂）
諸大夫　三渕左馬助（光行）
諸大夫　佐久間半兵衛（実勝カ）
諸大夫　稲葉修理亮（通孝）
諸大夫　赤井五郎作（忠泰）

以上

（慶長九年）六月十四日（黒印）

○徳川家康家臣らの四品昇進と諸大夫成する者を列挙したもの。『お湯殿の上の日記』によれば、慶長九年六月二十日・二十一日・二十二日・二十三日それぞれに諸大夫成があったことが見える。

○四四一　皆川広照宛口宣案　○皆川文書

上卿　新中納言

慶長九年六月廿二日　宣旨

正五位下藤原広照

宜叙従四位下

蔵人頭左中弁藤原総光（広橋）奉

○徳川家康家臣。家康参内に伴う昇進か。

○四四二　分部光信宛口宣案　○分部文書

上卿　日野大納言（輝資）

慶長九年六月廿二日　宣旨

源光信

宜叙従五位下

慶長九年（一六〇四）

蔵人右中弁藤原(広橋)総光奉

○徳川家康家臣。光嘉養子。『お湯殿の上の日記』慶長九年六月二十二日条にある諸大夫成した十四人のうち一人か。

○四四三　分部光信宛口宣案　○分部文書

上卿　日野(輝資)大納言

慶長九年六月廿二日　宣旨

従五位下源光信

宜任左京亮

蔵人右中弁藤原(広橋)総光奉

○四四四　三淵光行宛口宣案　○柳原家記録総光卿符案

上卿中御門――（中(資胤)納言）

慶――（長九年）六月廿二日

源光行

宜叙従五位下

任伯耆守

（蔵人右中弁藤原(広橋)総光奉）

○徳川家康家臣。父は室町幕府奉公衆藤英。『お湯殿の上の日記』慶長九年六月二十二日条にある諸大夫成した十四人のうち一人か。

○四四五　三好為三宛口宣案　○柳原家記録総光卿符案

上卿大炊御門大(経頼)納言

慶――（長九年六月廿二日）

三好　源一任

叙従五位下

任因幡守
（蔵人右中弁藤原（広橋）総光奉）

○徳川家康家臣。政長子、釣閑斎宗渭弟。『お湯殿の上の日記』慶長九年六月二十二日条にある諸大夫成した十四人のうち一人か。

〇四四六　三好房一宛口宣案　○柳原家記録総光卿符案

上卿持明院（基孝）
慶――（長九年六月廿二日）
源《同》房長
叙従五位下
任丹波守
（蔵人右中弁藤原（広橋）総光奉）

○徳川家康家臣。長房子。『お湯殿の上の日記』慶長九年六月二十二日条にある諸大夫成した十四人のうち一人か。

〇四四七　池田重信宛口宣案　○柳原家記録総光卿符案

上卿中御門（資胤）
慶――（長九年六月廿二日）
源《池田》光重
叙従五位下
任備後守
（蔵人右中弁藤原（広橋）総光奉）

○徳川家康家臣。『お湯殿の上の日記』慶長九年六月二十二日条にある諸大夫成した十四人のうち一人か。

〇四四八　赤井忠泰宛口宣案　○柳原家記録総光卿符案

上卿葉室（頼宣）
慶――（長九年六月廿二日）
源《赤井》忠久
叙従五位下

任遠江守

（蔵人右中弁藤原（広橋）総光奉）

○徳川家康家臣。『お湯殿の上の日記』慶長九年六月二十二日条にある諸大夫成した十四人のうち一人か。

○四四九　藤原貞氏（滝川正利カ）宛口宣案　○柳原家記録総光卿符案

上卿不分明

慶————（長九年六月廿二日）

藤原貞氏

叙従五位下

任壱岐守

（蔵人右中弁藤原（広橋）総光奉）

○徳川家康家臣。滝川雄利子正利か。『お湯殿の上の日記』慶長九年六月二十二日条にある諸大夫成した十四人のうち一人か。

○四五〇　堀尾可晴宛口宣案　○柳原家記録総光卿符案

上卿坊城（東坊城盛長カ）

慶————（長九年六月廿三日）

正五位下豊臣可清

宜叙従四位下

（蔵人右中弁藤原（広橋）総光奉）

○羽柴秀吉家臣。

○四五一　龍造寺高房宛口宣案　○柳原家記録総光卿符案

（上卿不明）

慶————（長九年八月五日）————（宣旨）

藤原高房　龍造寺也

宜叙従五位下

蔵――（人頭左中弁藤原（広橋）総光奉）

○肥前龍造寺氏。政家子。

○四五二　龍造寺高房宛口宣案　○柳原家記録総光卿符案

（上卿不明）

慶――（長九年八月五日）――（宣旨）

従五位下藤原高房

宜任駿河守

蔵――（人頭左中弁藤原（広橋）総光奉）

○四五三　板倉勝重宛口宣案　○柳原家記録総光卿符案

（上卿不明）

慶――（長九年）九月廿三日――（宣旨）

正五位下源勝重　板倉伊賀守

宜叙従四位下

蔵――（人頭左中弁藤原（広橋）総光奉）

○徳川家康家臣。

慶長十年（西紀一六〇五）

〇四五四　東条行長宛口宣案

〇柳原家記録総光卿符案

上卿持明院（基孝）中納言

慶――（長十年）四月八日　東条法眼行長

宣任式部卿法印

（蔵人頭左中弁藤原（広橋）総光奉）

〇徳川家康家臣。家康参内に伴う任官か。

〇四五五　前田利常宛口宣案

〇柳原家記録総光卿符案

上卿大炊御門（経頼）大納言

慶――（長十年四月八日）　源　利光

叙従五位下

任侍従

（蔵人頭左中弁藤原（広橋）総光奉）

〇前田利家子、兄利長養子。『時慶卿記』慶長十年四月十四日条に公家成したことが見える。

〇四五六　最上家親宛口宣案

〇柳原家記録総光卿符案

上卿新中納言

慶――（長十年四月八日）　源家緒

叙従五位下

任侍従

（蔵人頭左中弁藤原（広橋）総光奉）

○義光子。『言経卿記』・『時慶卿記』・『慶長日件録』慶長十年四月九日条に昇殿したことが見える。

○四五七　細川忠利宛口宣案　○細川家記

上卿　広橋大納言（兼勝）

慶長十年四月八日　宣旨　源忠利

宜叙従五位下

○忠興子。『時慶卿記』・『慶長日件録』慶長十年四月九日条に昇殿したことが見える。

○四五八　細川忠利宛口宣案　○細川家記

上卿　広橋大納言（兼勝）

慶長十年四月八日　宣旨　従五位下源忠利

宜任侍従

○四五九　板倉重昌宛口宣案　○柳原家記録総光卿符案

上卿　日野大納言（烏丸光宣）

慶――（長十年四月）十日　源　重政

叙従五位下　任

内膳正

（蔵人頭左中弁藤原（広橋）総光奉）

○徳川家康家臣。勝重子。

○四六〇　本多忠純宛口宣案　○柳原家記録総光卿符案

上（卿　日野（烏丸光宣）大納言）
慶（長十年四月）廿日　　藤原忠純
　叙従五位下　任
　大隅守
（蔵人頭左中弁藤原（広橋）総光奉）

○徳川家康家臣。正信子、正純弟。

○四六一　池田利隆宛口宣案　○柳原家記録総光卿符案

上（卿　新中納言）
慶（長十年四月）廿一日　　正五位下豊臣照直
　叙従四位下
（蔵人頭左中弁藤原（広橋）総光奉）

○輝政子。『時慶卿記』・『慶長日件録』慶長十年四月八日条に昇殿したことが見える。それに加えてこの日四位に昇進した。

○四六二　細川忠利宛口宣案　○細川家記

上卿　式部大輔（東坊城盛長）
慶長十年四月廿二日　宣旨
正五位下　源忠利
宜叙従四位下　蔵人頭右大弁藤原（烏丸）光広奉

○四六三　井伊直孝宛口宣案　○中村不能斎編『井伊直政・直孝』

上卿　葉室（頼宣）中納言
慶長十年四月廿六日　宣旨

藤原直孝
宣叙従五位下
蔵人頭右大弁藤原（烏丸）光広奉

○徳川家臣。直政子。秀忠参内にともなう叙任か。

○四六四　井伊直孝宛口宣案　○中村不能斎編『井伊直政・直孝』

上卿　葉室（頼宣）中納言
慶長十年四月廿六日　宣旨
従五位下藤原直孝
宣任掃部助
蔵人頭右大弁藤原（烏丸）光広奉

○四六五　諏訪頼水宛口宣案　○諏訪文書

上卿　花山院（定煕）大納言
慶長十年四月廿六日　宣旨
神頼満
宣叙従五位下
蔵人（頭脱）右大弁藤原（烏丸）光広奉

○徳川家臣。頼忠子。秀忠参内にともなう叙任か。

○四六六　諏訪頼水宛口宣案　○諏訪文書

上卿　花山院（定煕）大納言
慶長十年四月廿六日　宣旨
従五位下神頼満
宣任因幡守

慶長十年（一六〇五）

蔵人頭右大弁藤原（烏丸）光広奉

○四六七　西尾吉定宛口宣案

○柳原家記録総光卿符案

上卿　西園寺大納言（実益）

慶――（長十年四月）廿六日

豊臣吉元
叙従五位下
任因幡守

（蔵人頭左中弁藤原（広橋）総光奉）

○徳川家臣。吉次養子。秀忠参内にともなう叙任か。

○四六八　榊原康勝宛口宣案

○柳原家記録総光卿符案

上――（卿　西園寺大納言（実益））

慶――（長十年四月廿六日）

藤原政直
叙従五位下
任遠江守

（蔵人頭左中弁藤原（広橋）総光奉）

○徳川家臣。康政子。秀忠参内にともなう叙任か。

○四六九　牧野信成宛口宣案

○柳原家記録総光卿符案

上卿　式部大輔（東坊城盛長）

慶――（長十年四月廿六日）

藤原信成
叙従五位下
任豊前守

（蔵人頭左中弁藤原（広橋）総光奉）

○徳川家臣。康成子。秀忠参内にともなう叙任か。

○四七〇　松平重忠カ宛口宣案　○柳原家記録総光卿符案

上卿　中御門中納言（資胤）

慶――――（長十年四月廿六日）　源　忠次

叙従五位下

任長門守

（蔵人頭左中弁藤原（広橋）総光奉）

○徳川家臣。秀忠参内にともなう叙任か。

○四七一　土井利勝宛口宣案　○柳原家記録総光卿符案

上卿　中山中（慶親）―（納言）

慶――――（長十年四月廿六日）　藤原利勝

叙従五位下

任大炊助

（蔵人頭左中弁藤原（広橋）総光奉）

○徳川家臣。秀忠参内にともなう叙任か。

○四七二　古田重久宛口宣案　○柳原家記録総光卿符案

上卿　持明院中（基孝）―（納言）

慶――――（長十年四月廿六日）　藤原重政

叙従五位下

不

任左近大夫

（蔵人頭左中弁藤原（広橋）総光奉）

○徳川家臣。古田織部重然子。秀忠参内にともなう叙任か。

○四七三　鳥居成次宛口宣案　○柳原家記録総光卿符案

上卿　日野大納言（烏丸光宣）

慶——（長十年四月廿六日）

鳥居
源　成次
叙従五位下
任土佐守

（蔵人頭左中弁藤原（広橋）総光奉）

○徳川家臣。元忠子。秀忠参内にともなう叙任か。

○四七四　水野忠清宛口宣案　○柳原家記録総光卿符案

上卿　中御門中納言（資胤）

慶——（長十年四月廿六日）

水野
藤原忠清
叙従五位下
任隼人正

（蔵人頭左中弁藤原（広橋）総光奉）

○徳川家臣。忠重子、勝成弟。秀忠参内にともなう叙任か。

○四七五　溝口善勝宛口宣案　○柳原家記録総光卿符案

上卿　式部大輔（東坊城盛長）

慶——（長十年四月廿六日）

溝口
藤原秀次
叙従五位下
任伊豆守

（蔵人頭左中弁藤原（広橋）総光奉）

○徳川家臣。秀勝子。秀忠参内にともなう叙任か。

○四七六　内藤忠興宛口宣案　○柳原家記録総光卿符案

上卿　（烏丸光宣）日野大納言

慶——（長十年四月廿六日）

藤原《内藤》忠長

叙従五位下

任帯刀

（蔵人頭左中弁（広橋）藤原総光奉）

○徳川家臣。政長子。秀忠参内にともなう叙任か。

○四七七　土岐定義宛口宣案　○柳原家記録総光卿符案

上卿　権中納言

慶——（長十年四月廿六日）

源《土岐》　定吉

叙従五位下

任山城守

（蔵人頭左中弁（広橋）藤原総光奉）

○徳川家臣。定政子。秀忠参内にともなう叙任か。

○参考七　酒井忠世折紙　○勧修寺家文書

今度諸大夫被為成候覚

松平三郎四郎

今越中守　源定信

榊原小十郎

今遠江守　藤原政直

松平伝三郎

今長門守　源忠次

田中越中守

今隼人正　橘忠政

小笠原小平次

今左衛門佐　源信之
脇坂甚九郎
今主水佑　豊冨安信
柴田七九郎
今筑後守　藤原康次
板倉五郎八
今周防守　源重続
永井伝八郎
今信濃守　豊冨尚正
溝口孫左衛門
今伊豆守　藤原秀秋
鳥居彦右衛門
今土佐守　源成重
羽柴帯刀
今壱岐守　源信之
諏訪小太郎
今因幡守　頼満

森川長十郎
今内線正　藤原俊次
西尾与一郎
今因幡守　豊冨吉定
土井甚三郎
今大炊助　藤原利勝
水野小左衛門
今監物　藤原忠光
渡辺久左衛門
今山城守　藤原茂
大久保犬千代
今右京亮　藤原忠重
大久保熊
今主膳　藤原忠光
青山百
今雅楽頭　豊冨忠言
牧野九右衛門

今豊前守　藤原信成
高木善次郎
今主水佑　藤原正次
水野権十郎
今隼人正　藤原忠清
水野宗十郎
今市正　藤原忠政
本多大学助
今大隅守　藤原忠純
日下部庄七郎
今伊予守　藤原重利
井伊兵三郎
今掃部大夫　藤原直孝
松平善兵衛
今壱岐守　源康次
成瀬佐吉
今　藤原正成

古田
今
慶長十年　酒井右京大夫
卯月廿六日　忠世（花押）
板倉伊賀守（勝重）殿

○徳川家臣の諸大夫成する者を列挙した折紙。

○四七八　山内康豊宛口宣案

○柳原家記録
総光卿符案

上卿　西園寺大納言（実益）
慶──（長十年）七月一日　藤原（山内）康豊
叙従五位下　任対
馬守
（蔵人頭左中弁藤原（広橋）総光奉）

〇土佐山内氏。一豊弟。

〇四七九　津田忠勝宛口宣案　〇柳原家記録 総光卿符案

上卿　日野大納言（烏丸光宣）

慶――（長十年）八月十二日　平（津田）忠勝

叙従五位下　任

左京亮

（蔵人頭左中弁藤原（広橋）総光奉）

〇羽柴秀頼家臣。織田一族、あるいは織田信好子か。おそらく大坂の陣で豊臣方で討死した津田左京亮であろう。

〇四八〇　津田政雄宛口宣案　〇柳原家記録 総光卿符案

上卿　持明院中納言（基孝）

慶――（長十年）九月十一日　豊臣（津田）政勝

叙従五位下

任備後守

（蔵人頭左中弁藤原（広橋）総光奉）

〇羽柴秀頼家臣。織田一族、あるいは織田信雄の子か。

〇四八一　佐々正重宛口宣案　〇柳原家記録 総光卿符案

上卿　式部大輔（東坊城盛長）

慶――（長十年九月十一日）　豊臣（佐々）正重

叙従五位下

任内記

（蔵人頭左中弁藤原（広橋）総光奉）

○羽柴秀頼家臣。

○四八二　片桐且清宛口宣案　○柳原家記録総光卿符案

上卿　中山中納言（慶親）

慶――――（長十年九月十一日）

片桐
豊臣且清

叙従五位下

任采女正

（蔵人頭左中弁藤原（広橋）総光奉）

○羽柴秀頼家臣。且元子。

慶長十一年（西紀一六〇六）

○四八三　加藤忠正宛口宣案　○柳原家記録総光卿符案

上卿　式部大輔（東坊城盛長）

慶――――（長十一年）三月三日　――（宣旨）

豊臣清孝

叙従五位下

蔵――――（人頭左中弁藤原（広橋）総光奉）

○肥後加藤氏。清正子。

○四八四　加藤忠正宛口宣案

○柳原家記録総光卿符案

上卿――（式部大輔（東坊城盛長））

慶――（長十一年三月三日）――（宣旨）

従五位下豊臣清孝

宜任主計頭

蔵――（人頭左中弁藤原（広橋）総光奉）

○四八五　京極忠高宛口宣案

○丸亀市立資料館所蔵文書

上卿　広橋大納言（兼勝）

慶長十一年五月七日　宣旨

正五位下源忠高

宜叙従四位下

蔵人右少弁藤原（中御門）宣衡奉

○若狭京極氏。高次子。

○四八六　中井正清宛口宣案

○柳原家記録総光卿符案

上卿　勧修寺中納言（光豊）

慶――（長十一年）七月十三日　橘　正清

今ノ跡ノ御所

宜任大和守

仕丁ノ始也

（蔵人頭左中弁藤原（広橋）総光奉）

○徳川家大工頭。

○参考八　〔○御官位位記 口宣年月日〕

慶長十一年八月十一日
　義知
　　叙従四位下
義知
　　任右兵衛督

○徳川家康子義直の叙任に関する文書。

○四八七　細川元勝宛口宣案　〔○柳原家記録 総光卿符案〕

上卿　(烏丸光宣)日野大納言

慶――（長十一年九月廿日）

細川
源　元膳
　叙従五位下
任侍従

（蔵人頭左中弁(広橋)藤原総光奉）

○羽柴秀頼家臣。細川昭元子。

慶長十二年（西紀一六〇七）

〇四八八　本多正信宛口宣案

〇柳原家記録総光卿符案

上卿　新中納言

慶——（長十二年）後四月十二日

本多
藤原正信

叙従五位下

任佐渡守

（蔵人頭左中弁藤原（広橋）総光奉）

〇徳川家臣。

〇四八九　某康政宛口宣案

〇柳原家記録総光卿符案

上卿　中山（慶親）中納言

慶——（長十二年後四月）十六日

藤原康政

叙従五位

下　任右

京亮

（蔵人頭左中弁藤原（広橋）総光奉）

〇徳川家臣か。

〇四九〇　成瀬正成宛口宣案

〇犬山城白帝文庫所蔵

上卿　（東坊城盛長）式部太輔

慶長十二年後四月十八日　宣旨

藤原正成

宣叙従五位下
蔵人左少弁藤原（万里小路）孝房奉

○徳川家臣。

○四九一　成瀬正成宛口宣案　○犬山城白帝文庫所蔵

上卿　式部太輔（東坊城盛長）
慶長十二年後四月十八日　宣旨
従五位下藤原正成
宜任隼人正
蔵人左少弁藤原（万里小路）孝房奉

○四九二　某高継宛口宣案　○柳原家記録総光卿符案

上卿　日野大納言（烏丸光宣）
慶――（長十二年）五月十二日　藤原高継
叙従五位下
任左京亮
（蔵人頭左中弁藤原（広橋）総光奉）

○徳川家臣か。『お湯殿の上の日記』慶長十二年五月九日条に見える諸大夫成した三人のうち一人か。

○四九三　酒井忠利宛口宣案　○柳原家記録総光卿符案

上卿　新中納言
慶――（長十二年）八月十日　藤原（酒井）忠利
叙従五位下　任

備後守

（蔵人頭左中弁藤原（広橋）総光奉）

○徳川家臣。正親子。『お湯殿の上の日記』慶長十二年八月十四日条に見える諸大夫成した某か。

慶長十三年（西紀一六〇八）

○四九四　堀直清宛口宣案　○柳原家記録総光卿符案

上卿　葉室（頼宣）中納言

慶――（長十三年）七月五日　源堀直和

叙従五位下　任

監物

（蔵人頭左中弁藤原（広橋）総光奉）

○直政子。『お湯殿の上の日記』慶長十三年七月二十日条に見える諸大夫成した某か。

○四九五　新庄直頼宛口宣案

○柳原家記録総光卿符案

上卿　大炊御門大納言（経頼）

慶――（長十三年）十二月十六日　法眼竹三 不

新庄

宜叙宮内卿

法印

（蔵人頭左中弁藤原（広橋）総光奉）

○徳川家臣。

○四九六　藤原重光宛口宣案

○柳原家記録総光卿符案

上卿　中御門中納言（資胤）

慶――（長十三年十二月）廿一日　藤原重先 不

大樹秀頼朝臣

申沙汰

宜任但馬掾　鍛冶関也

（蔵人頭左中弁藤原（広橋）総光奉）

○刀匠。羽柴秀頼の推挙による。

○四九七　某勝正宛口宣案

○柳原家記録総光卿符案

上卿　葉室中納言（頼宣）

慶――（長十三年十二月）卅日　源　勝正

宜叙従五位下

任右近衛将

監

（蔵人頭左中弁藤原（広橋）総光奉）

○徳川家臣か。

慶長十四年（西紀一六〇九）

○四九八　天海宛口宣案　○宗光寺文書

上卿　中御門（資胤）中納言

慶長十四年十二月九日　宣旨

法印天海

宜任権僧正

蔵人左少弁藤原（清閑寺）共房奉

○南光坊、慈眼大師。家康側近。

○四九九　三淵（長岡）貞行宛口宣案　○三淵文書

上卿　中御門（資胤）中納言

慶長十四年十二月廿二日　宣旨

源貞行

宜叙従五位下

蔵人左少弁藤原（清閑寺）共房奉

○細川一族で家臣。三淵晴員の子重好の子。

○五〇〇　三淵（長岡）貞行宛口宣案　○三淵文書

上卿　中御門（資胤）中納言

慶長十四年十二月廿二日　宣旨

従五位下源貞行

宜任右馬助

慶長十四年（一六〇九）

蔵人左少弁藤原（清閑寺）共房奉

慶長十五年（西紀一六一〇）

〇五〇一　由良貞繁宛口宣案　〇集古文書五

上卿　勧修寺中納言（光豊）

慶長十五年二月廿三日　（宣旨）

源貞繁

宣叙従五位下

蔵人右中弁藤原（中御門）宣衡奉

〇徳川家臣。国繁子。『お湯殿の上の日記』慶長十五年二月二十二日条で諸大夫成した某か。

〇五〇二　由良貞繁宛口宣案　〇集古文書五

上卿　勧修寺中納言光豊

慶長十五年二月廿三日　宣旨

従五位下源貞繁

宣任出羽守

中御門蔵人左中弁藤原宣衡奉

〇五〇三　山内忠義宛口宣案　〇年譜

上卿　広橋大納言（兼勝）

慶長十五年九月廿八日　宣旨

正五位下源忠義

宣叙従四位下

蔵人右中弁藤原（中御門）宣衡奉

○土佐山内氏。一豊養子。

○五〇四　山内忠義宛口宣案　○年譜

上卿　広橋大納言（兼勝）

慶長十五年九月廿八日　宣旨

従四位下源忠義朝臣

宜任土佐守

蔵人右中弁藤原（中御門）宣衡奉

慶長十六年（西紀一六一一）

○五〇五　秋田実季宛口宣案　○東北大学付属図書館所蔵秋田家史料

上卿　三条新中納言（三条西実条）

慶長十六年正月十五日　宣旨

安倍実季

宜叙従五位下

蔵人頭右近衛権中将藤原（正親町三条）実有奉

○出羽安東氏。愛季子。

○五〇六　秋田実季宛口宣案　○東北大学付属図書館所蔵秋田家史料

上卿　三条新中納言（三条西実条）

慶長十六年正月十五日　宣旨

従五位下安倍実季

宜任城介

蔵人頭右近衛権中将藤原実有（正親町三条）奉

○前田利長家臣。

○五〇七　村井長次宛口宣案　○金沢市中古文書

上卿　花山院大納言（定熙）

慶長十六年正月十五日　宣旨

平長次

宜叙従五位下

蔵人頭近衛権中将藤原実有（正親町三条）奉

○五〇八　村井長次宛口宣案　○金沢市中古文書

上卿　花山院大納言（定熙）

慶長十六年正月十五日　宣旨

従五位下平長次

宜任河内守

蔵人頭近衛権中将藤原実有（正親町三条）奉

○五〇九　徳川義直宛口宣案　○菊亭文書

上卿　持明院中納言（基孝）

慶長十六年三月廿日　宣旨

右近衛権中将源義利朝臣

宣任参議

蔵人頭右近衛権中将藤原実有（正親町三条）奉

○徳川家康子。尾張徳川藩祖。「光豊公記」慶長十六年三月十九日条で宰相に任じられたとある。

○参考九　○御官位位記 口宣年月日

慶長十六年三月二十日

義利

任右近衛権少将

義利

任参議

義利

右近衛権中将如旧

義利

叙従三位

○徳川家康子義直の叙任に関する文書。

○五一〇　徳川頼房宛口宣案　○菊亭文書

上卿　三条新中納言（三条西実条）

慶長十六年三月廿日　宣旨

従四位下源頼房

宜任右近衛権少将

蔵人右中弁藤原孝房（万里小路）奉

○徳川家康子。水戸徳川藩祖。「慶長見聞録案紙」慶長十六年三月二十日条に中将に任じられたとあるが、これは少将の誤りであろう。なお「光豊公記」慶長十六年四月九日条で四品の口宣が見える。

○五一一　竹腰正信宛口宣案　○村瀬俊二氏所蔵文書

上卿　西園寺(実益)大納言
慶長十六年三月廿二日　宣旨
藤原正次
宜叙従五位下
蔵人右中弁藤原(中御門)宣衡奉

○徳川家臣。徳川義直付家老。義直の参議昇進にともなう叙任か。

○五一二　竹腰正信宛口宣案　○村瀬俊二氏所蔵文書

上卿　西園寺(実益)大納言
慶長十六年三月廿二日　宣旨
従五位下藤原正次
宜任山城守
蔵人右中弁藤原(中御門)宣衡奉

○五一三　松平広忠宛口宣案　○大樹寺文書

上卿　勧修寺(光豊)中納言
慶長十六年三月廿二日　宣旨
源広忠
宜令贈権大納言
蔵人頭左近衛中将藤原(園)基任奉

○徳川家康父。権大納言を追贈したもの。「光豊公記」慶長十六年三月十八日条に勅許されたことが見える。

○五一四　山崎家治宛口宣案　○兼賢公符案幷御教書

上卿　新中納言

慶——（長十六年）七月七日

源家治

宜叙従五位下任甲斐守

（蔵人権右中弁藤原（広橋）兼賢奉）

○家盛子。

○五一五　本多政朝宛口宣案　○兼賢公符案幷御教書

上卿　右大将（西園寺実益）

慶——（長十六年十二月）廿六日

（本多）藤原忠光

任叙甲斐守従五位下

（蔵人権右中弁藤原（広橋）兼賢奉）

○徳川家臣。忠政子。

慶長十七年（西紀一六一二）

○五一六　土岐頼勝宛口宣案　○兼賢公符案幷御教書

上卿　三条中納言（公広）

慶――（長十七年正月三日）　源頼勝（土岐）

任叙左馬助従五位下

（蔵人権右中弁藤原兼賢（広橋）奉）

○徳川家臣。美濃守護家土岐頼芸の子である頼次子。

○五一七　土岐頼敏宛口宣案　○兼賢公符案幷御教書

上卿　中御門中納言（資胤）

慶――（長十七年正月）三日　源頼敏（土岐）

任叙東市正従五位下

（蔵人権右中弁藤原兼賢（広橋）奉）

○徳川家臣。

○五一八　大沢基宿宛口宣案　○兼賢公符案幷御教書

上卿　大炊御門大納言（経頼）

慶――（長十七年正月廿一日　宣旨）

従四位上藤原基宥不

宣叙正四位下

蔵人右中弁――（藤原(広橋)兼賢奉）

○徳川家臣。

○五一九　寺沢忠晴宛口宣案　○兼賢公符案幷御教書

上――（卿　右大将(西園寺実益)）

慶――（長十七年）六月十五日　豊臣忠晴

叙従五位下任式

部少輔

（蔵人右中弁藤原(広橋)兼賢奉）

○肥前唐津寺沢氏。広高子。

○五二〇　松浦隆信宛口宣案　○松浦文書

上卿　日野(資勝)新中納言

慶長十七年九月五日　宣旨

豊臣隆信

宜叙従五位下

蔵人頭右大弁藤原(中御門)宣衡奉

○肥前松浦氏。久信子、鎮信孫。

○五二一　松浦隆信宛口宣案　○松浦文書

上卿　日野(資勝)新中納言

慶長十七年九月五日　宣旨

豊臣隆信

宜任肥前守

慶長十七年（一六一二）

蔵人頭右大弁藤原（中御門）宣衡奉

○五二二　水野元綱宛口宣案　○兼賢公符案幷御教書

上――（卿　広橋（兼勝）大納言）

慶――（長十七年）九月廿九日　水野 藤原忠長

叙従五位下任

大和守

（蔵人右中弁藤原（広橋）兼賢奉）

○徳川家臣。分長子。

○五二三　畠山義真宛口宣案　○兼賢公符案幷御教書

上卿　中御門（資胤）大納言

慶――（長十七年）後十月十五日　畠山 源長昭

叙従五位下

任長門守

（蔵人右中弁藤原（広橋）兼賢奉）

○徳川家臣、元は上杉景勝養子で上条上杉（能登畠山）義春子。

○五二四　黒田忠之宛口宣案　○兼賢公符案幷御教書

上卿　広橋大納言（兼勝）

慶――（長十八年）二月一日　源忠長

任叙右衛門佐（中務少輔不分）従五位下

（蔵人右中弁藤原（広橋）兼賢奉）

○筑前黒田氏。長政子。

○五二五　某重長宛口宣案　○兼賢公符案幷御教書

上卿　花山院大納言（定凞）

慶――（長十八年四月）十九日　源重長

任叙信濃守従五位下

（蔵人右中弁藤原（広橋）兼賢奉）

○徳川家臣か。

慶長十九年（西紀一六一四）

○五二六　松平忠国宛口宣案　○兼賢公符案幷御教書

上卿　六条中納言（有広）

慶――（長十九年正月）廿八日　源忠長

任叙山城守従五位下

（蔵人頭右中弁藤原（広橋）兼賢奉）

○徳川家臣。信吉子。

○五二七　松前公広宛口宣案　○柳原家記録光慶卿符案

上卿　冷泉中納言（為満）

慶――（長十九年）二月廿六日　松前源茂広　叙従五

位下任志摩守

（蔵人頭左中弁藤原（日野）光慶奉）

○蝦夷地松前氏。盛広子、慶広孫。

○五二八　徳川秀忠宛口宣案　○菊亭文書

上卿　大炊御門大納言（経頼）

慶長十九年三月九日　宣旨

内大臣源朝臣

宜転任右大臣

蔵人頭左中弁藤原（日野）光慶奉

○五二九　徳川秀忠宛口宣案　○兼賢公符案幷御教書

（上卿　花山院大納言(定凞)）

慶――（長十九年）三月九日　宣旨

正二位源朝臣　将軍此時右大臣口　宣日野殿御書出―

宣叙従一位

蔵人頭――（右中弁藤原兼賢(広橋)奉）

○五三〇　保科正貞宛口宣案　○柳原家記録光慶卿符案

上卿　広橋大納言(兼勝)

慶――（長十九年）六月三日

保科
源正貞　叙従五位

下弾正大忠

（蔵人頭左中弁藤原光慶(日野)奉）

○徳川家臣。正直子。

○五三一　片桐孝利宛口宣案　○成簣堂古文書片桐文書

上卿　今出川中納言(宣季)

慶長十九年七月三日　宣旨

豊臣元包

宣叙従五位下

蔵人権右少弁藤原光長(竹屋)奉

○羽柴秀頼家臣。且元子。『時慶卿記』慶長十九年七月二十八日条に諸大夫成したことが見える。

○五三二　片桐孝利宛口宣案　○成簣堂古文書片桐文書

上卿　今出川中納言(宣季)

慶長十九年七月三日　宣旨

従五位下豊臣元包

宣任出雲守

蔵人権右少弁藤原(竹屋)光長奉

○五三三　速水則守宛口宣案　○柳原家記録 光慶卿符案

上卿　花山院大納言(定煕)

――（慶長十九年）七月三日　速水 豊臣則守　叙従五位下　美作守

（蔵人頭左中弁藤原(日野)光慶奉）

○羽柴秀頼家臣。守之子。『時慶卿記』慶長十九年七月二十八日条で諸大夫成したとある十四人の一人。

○五三四　大野頼直宛口宣案　○柳原家記録 光慶卿符案

上卿　六条中納言(有広)

――（慶長十九年七月三日）　大野 豊臣頼直　叙従五位下　信濃守

（蔵人頭左中弁藤原(日野)光慶奉）

○羽柴秀頼家臣。治長子。『時慶卿記』慶長十九年七月二十八日条で諸大夫成したとある十四人の一人。

○五三五　土橋景明宛口宣案　○柳原家記録 光慶卿符案

上卿　広橋中納言(総光)

――（慶長十九年七月三日）　土橋 豊臣景明　叙従五位下

下野守

（蔵人頭左中弁藤原（日野）光慶奉）

○羽柴秀頼家臣。『時慶卿記』慶長十九年七月二十八日条で諸大夫成したとある十四人の一人。

○五三六　津田忠直宛口宣案　○柳原家記録光慶卿符案

上卿　今出川（宣季）中納言

（慶長十九年七月三日）

津田平忠直　叙

従五位下

大監物

（蔵人頭左中弁藤原（日野）光慶奉）

○羽柴秀頼家臣。『時慶卿記』慶長十九年七月二十八日条で諸大夫成したとある十四人の一人。

元和元年（慶長十九・西紀一六一五）

○五三七　松平忠昌宛口宣案　○西山雑録

上卿　中御門（資胤）大納言

慶長廿年正月十一日　宣旨

源忠昌

宜叙従五位下

蔵人左少弁藤原（烏丸）光賢奉

○越前松平氏。秀康子、忠直弟。

○五三八　松平忠昌宛口宣案　○西山雑録

上卿　中御門（資胤）大納言

慶長廿年正月十一日　宣旨

従五位下源忠昌

宜任侍従

蔵人左少弁藤原（烏丸）光賢奉

○五三九　安藤重長宛口宣案　○兼賢公符案幷御教書

上卿　花山院（定熙）大納言

慶――（長廿年正月）廿七日

安藤
藤原重元

叙従五位下任

伊勢守

（蔵人頭左中弁藤原（広橋）兼賢奉）

○徳川家臣。本多正盛子、重信養子。

○五四〇　太田資宗宛口宣案　○兼賢公符案幷御教書

上卿　三条（公広）大納言

慶――（長廿年正月廿七日）　源康資

叙従五位下任

摂津守

（蔵人頭左中弁藤原（広橋）兼賢奉）

○徳川家臣。重正子。

去官～織田秀信（8月）・宇喜多秀家（10月）
去官～織田秀雄（9月）・丹羽長重（10月）
去官～立花宗茂（10月）・宇喜多秀隆（10月） **新叙任**～松平忠吉（11月）
去官～小早川秀包（10月）・青木重吉（10月）・長宗我部盛親（10月） **新任**～長宗我部盛親（不明）
去官～中村一氏（7月）・大谷吉継（9月）・石田三成（10月）・岡本良勝（9月）・九鬼嘉隆（10月）・木下一元（10月？）・日根野高吉（6月）・水野忠重（7月）・木下重堅（10月？）・氏家行広（10月）・丸毛親吉ヵ（10月）・多賀秀種（10月）・筑紫広門（10月）・駒井重勝（10月）・長束長吉（10月）・大山一政（9月）・石田正澄（9月）・長束直吉（10月）・真田昌幸（10月）・百々綱家（8月）・真田信繁（10月）・石川光元（10月）・宮城豊盛（10月）・木下延重（10月）・太田一成（10月）・田丸直昌（10月）・早川長成（10月？）・高田治忠（10月）・寺西是成（10月）・小西長政（10月？）・石田朝成（9月）・伊藤長俊（10月）・伊東祐兵（10月）・筑紫広門（茂成）（10月） 徳川諸大夫～依田康勝（1月）・阿部正勝（4月） 秀秋諸大夫～松野重元（9月） **新任**～**脇坂安元**（1月）・**某慶氏**（4月）・**柳川智永**（6月）・**堀直重**（11月） 徳川諸大夫～**松平忠良ヵ**（4月）・**土屋忠直**（11月）・**山口重政**（11月）・**皆川隆庸**（11月）

慶長５年（1600）

従一位		
正二位	内大臣	徳川家康
従二位	権中納言	羽柴秀頼
正三位		
従三位	権大納言	
	権中納言	小早川秀秋・徳川秀忠・上杉景勝・毛利輝元・前田利長
	参議	
正四位上		
正四位下	参議	毛利秀元・細川忠興・京極高次・結城秀康
従四位上		
従四位下	中将	
	少将	伊達政宗・木下勝俊・島津家久
	侍従	織田信秀・森忠政・池田輝政・稲葉貞通・筒井定次・吉川広家・堀秀治・最上義光・佐竹義宣・里見義康・毛利秀就・松平忠吉
正五位上		
正五位下		
従五位上		
従五位下	侍従	前田秀以・井伊直政・宗義智・前田利政・京極高知・羽柴秀弘・福島正則・木下ヵ秀勝
	諸大夫	〔佐竹義重〕 津田重長・片桐且元・沢井雄重・稲葉重通・尼子宗澄・生駒親正・平勝次・平吉広・宮部長煕・生駒某・一柳次郎兵衛・毛利高政・矢野某・田中吉政・宮部藤左衛門尉・日根野勘左衛門尉・丸某一正・杉原長房・富田信高・某之孝・某知盛・朽木元綱・柳川調信・佐竹義久・某重頼・某行貞・木下家定・生駒利豊・某吉勝・某吉政・某宣武・田中吉次・福智政直・金森可重・某勝政・駒井家親・浅野光良・徳永昌重・南部利直ヵ・津軽為信ヵ・佐野信吉・山中長俊・佐々行政・堀田一継・藤堂高吉・中川秀成・某政春・浅野勝正・某重吉・某直正・山田正勝・須賀金直・松下重綱・日根野吉時・加藤貞泰・中島政長・湯浅長政・真田信之・勝田貞知・中川秀成・生駒直勝・朽木宣綱・某宗信・小出秀政・富田貞高・羽柴尊信（織田？）・関一政・桑原重俊・柴田安定・郡宗保・伏屋為長・小出秀家・水原吉勝・石尾治一・石川三長・堀直政・松倉重政・某政良・某長治・某元近・某忠文・某賢忠・某是重・某正康・某保高・某盛吉・浅野長重・最上義康・分部光嘉・平野長泰・相良頼房・大村喜前・某元次・某重成・**脇坂安元・某慶氏・柳川智永・堀直重** 毛利諸大夫～粟屋元貞・堅田元慶・渡辺長・口羽春良・出羽元勝・平佐元貞・児玉元次・粟屋元吉・福原広俊・柳沢元政・林元善・毛利元康・宍戸元次・二宮就辰・梠杜元縁・熊谷元吉・益田元祥・天野元政・榎本元吉・熊谷元貞・林元善・福原元頼・乃美景尚・村上ヵ武吉 上杉諸大夫～直江兼続・千坂景親 徳川諸大夫～内藤政長・松平康重・永井直勝・三浦重成・平岩親吉・山高親重・内藤清成・奥平家昌・松平家乗・高山盛聡・大須賀忠政・**松平忠良ヵ・土屋忠直・山口重政・皆川隆庸** 前田諸大夫～村井吉兵衛（長頼ヵ）・神谷守隆・奥村栄明・富田重政

前田利家（閏３月）
去官～島津義弘（４月以前） 新任～島津義弘（１月？）
新任～島津家久（１月）
昇進～丹羽長重（４月）・島津義弘（１月？） 新任～毛利秀就（12月）
昇進～島津家久（１月）・毛利秀就（12月） 去官～長宗我部元親（５月） 新任～島津家久（１月）・毛利秀就（10月）
去官～ 　徳川諸大夫～高力正長（４月） 　宇喜多諸大夫～岡貞綱（この年） 　前田諸大夫～奥村永福（閏３月？） 新任～相良頼房（１月）・大村喜前（１月）・伊東祐兵（１月）・筑紫広門（茂成）（１月）・ 　某元次（４月）・某重成（12月） 　徳川諸大夫～大須賀忠政（４月）

慶長４年（1599）

従一位		
正二位	内大臣	徳川家康
従二位	権中納言	羽柴秀頼
正三位		
従三位	権大納言	
	権中納言	小早川秀秋・徳川秀忠・織田秀信・宇喜多秀家・上杉景勝・毛利輝元・前田利長
	参議	
正四位上		
正四位下	参議	毛利秀元・織田秀雄・細川忠興・京極高次・結城秀康・前田利長・丹羽長重
従四位上		
従四位下	中将	
	少将	伊達政宗・木下勝俊・島津家久
	侍従	織田信秀・森忠政・池田輝政・稲葉貞通・筒井定次・吉川広家・立花宗茂・堀秀治・最上義光・佐竹義宣・里見義康・宇喜多秀隆・**毛利秀就**
正五位上		
正五位下		
従五位上		
従五位下	侍従	前田秀以・井伊直政・小早川秀包・宗義智・前田利政・京極高知・羽柴秀弘・青木重吉・福島正則・木下ヵ秀勝
	諸大夫	〔佐竹義重〕 津田重長・片桐且元・沢井雄重・中村一氏・大谷吉継・稲葉重通・尼子宗澄・石田三成・生駒親正・平勝次・平吉広・岡本良勝・九鬼嘉隆・宮部長熈・木下一元・日根野高吉・水野忠重・木下重堅・生駒某・一柳次郎兵衛・毛利高政・矢野某・田中吉政・宮部藤左衛門尉・氏家行広・日根野勘左衛門尉・丸毛親吉ヵ・多賀秀種・筑紫広門・某一正・杉原長房・富田信高・某之孝・某知盛・朽木元綱・柳川調信・佐竹義久・某重頼・某行貞・木下家定・生駒利豊・駒井重勝・某吉勝・某吉政・某宣武・田中吉次・福智政直・長束長吉・金森可重・大山一政・某勝政・駒井家親・浅野光良・徳永昌重・南部利直ヵ・津軽為信ヵ・佐野信吉・石田正澄・山中長俊・佐々行政・堀田一継・藤堂高吉・中川秀成・長束直吉・某政春・浅野勝正・真田昌幸・某重吉・某直正・山田正勝・須賀金直・松下重綱・日根野吉時・加藤貞泰・中島政長・百々綱家・湯浅長政・真田信之・真田信繁・勝田貞知・中川秀成・生駒直勝・朽木宣綱・石川光元・某宗信・小出秀政・宮城豊盛・富田貞高・羽柴尊信（織田？）・木下延重・太田一成・田丸直昌・関一政・早川長成・桑原重俊・高田治忠・柴田安定・郡宗保・伏屋為長・小出秀家・水原吉勝・石尾治一・寺西是成・石川三長・小西長政・堀直政・石田朝成・松倉重政・某政良・某長治・某元近・某忠文・某賢忠・某是重・某正康・某保高・某盛吉・浅野長重・最上義康・分部光嘉・平野長泰・伊藤長俊・**相良頼房・大村喜前・伊東祐兵・筑紫広門（茂成）・某元次・某重成** 毛利諸大夫～粟屋元貞・堅田元慶・渡辺長・口羽春良・出羽元勝・平佐元貞・児玉元次・粟屋元吉・福原広俊・柳沢元政・林元善・毛利元康・完戸元次・二宮就辰・椙杜元縁・熊谷元吉・益田元祥・天野元政・榎本元吉・熊谷元貞・林元善・福原元頼・乃美景尚・村上ヵ武吉 上杉諸大夫～直江兼続・千坂景親 徳川諸大夫～内藤政長・依田康勝・松平康重・永井直勝・三浦重成・平岩親吉・山高親重・内藤清成・奥平家昌・阿部正勝・松平家乗・高山盛聡・**大須賀忠政** 秀秋諸大夫～松野重元 前田諸大夫～村井吉兵衛（長頼ヵ）・神谷守隆・奥村栄明・富田重政

去官～羽柴秀吉（8月）
新任～羽柴秀頼（4月）
新任～前田利長（4月？）
昇進～前田利長（4月？） 新任～丹羽長重（4月）
昇進～羽柴秀頼（4月）
新任～木下勝俊（4月）
昇進～丹羽長重（4月）・木下勝俊（4月）
去官～長谷川秀康ヵ（2月）
新任～平野長泰（3月）・伊藤長俊（4月） 毛利諸大夫～村上ヵ武吉（4月）

慶長３年（1598）

従一位	太政大臣	
正二位	内大臣	徳川家康
従二位	権中納言	羽柴秀頼
正三位		
従三位	権大納言	前田利家
	権中納言	小早川秀秋・徳川秀忠・織田秀信・宇喜多秀家・上杉景勝・毛利輝元・前田利長
	参議	
正四位上		
正四位下	参議	毛利秀元・織田秀雄・細川忠興・京極高次・結城秀康・**丹羽長重**
従四位上		
従四位下	中将	
	少将	伊達政宗・木下勝俊
	侍従	織田信秀・森忠政・池田輝政・稲葉貞通・筒井定次・吉川広家・島津義弘・立花宗茂・堀秀治・最上義光・佐竹義宣・里見義康・宇喜多秀隆
正五位上		
正五位下		
従五位上		
従五位下	侍従	前田秀以・井伊直政・長宗我部元親・小早川秀包・宗義智・前田利政・京極高知・羽柴秀弘・青木重吉・福島正則・木下ヵ秀勝
	諸大夫	〔佐竹義重〕 津田重長・片桐且元・沢井雄重・中村一氏・大谷吉継・稲葉重通・尼子宗澄・石田三成・生駒親正・平勝次・平吉広・岡本良勝・九鬼嘉隆・宮部長凞・木下一元・日根野高吉・水野忠重・木下重堅・生駒某・一柳次郎兵衛・毛利高政・矢野某・田中吉政・宮部藤左衛門尉・氏家行広・日根野勘左衛門尉・丸毛親吉ヵ・多賀秀種・筑紫広門・某一正・杉原長房・富田信高・某之孝・某知盛・朽木元綱・柳川調信・佐竹義久・某重頼・某行貞・木下家定・生駒利豊・駒井重勝・某吉勝・某吉政・某宣武・田中吉次・福智政直・長束長吉・金森可重・大山一政・某勝政・駒井家親・浅野光良・徳永昌重・南部利直ヵ・津軽為信ヵ・佐野信吉・石田正澄・山中長俊・佐々行政・堀田一継・藤堂高吉・中川秀成・長束直吉・某政春・浅野勝正・真田昌幸・某重吉・某直正・山田正勝・須賀金直・松下重綱・日根野吉時・加藤貞泰・中島政長・百々綱家・湯浅長政・真田信之・真田信繁・勝田貞知・中川秀成・生駒直勝・朽木宣綱・石川光元・某宗信・小出秀政・宮城豊盛・富田貞高・羽柴尊信（織田？）・木下延重・太田一成・田丸直昌・関一政・早川長成・桑原重俊・高田治忠・柴田安定・郡宗保・伏屋為長・小出秀家・水原吉勝・石尾治一・寺西是成・石川三長・小西長政・堀直政・石田朝成・松倉重政・某政良・某長治・某元近・某忠文・某賢忠・某是重・某正康・某保高・某盛吉・浅野長重・最上義康・分部光嘉・**平野長泰・伊藤長俊** 毛利諸大夫～粟屋元貞・堅田元慶・渡辺長・口羽春良・出羽元勝・平佐元貞・児玉元次・粟屋元吉・福原広俊・柳沢元政・林元善・毛利元康・完戸元次・二宮就辰・椙杜元縁・熊谷元吉・益田元祥・天野元政・榎本元吉・熊谷元貞・林元善・福原元頼・乃美景尚・**村上ヵ武吉** 上杉諸大夫～直江兼続・千坂景親 徳川諸大夫～内藤政長・依田康勝・松平康重・永井直勝・三浦重成・平岩親吉・山高親重・内藤清成・奥平家昌・高力正長・阿部正勝・松平家乗・高山盛聡 秀秋諸大夫～松野重元 宇喜多諸大夫～岡貞綱 前田諸大夫～村井吉兵衛（長頼ヵ）・奥村永福・神谷守隆・奥村栄明・富田重政

新任～前田利家（1月）

去官～小早川隆景（6月）

新任～京極高次（6月以前）・結城秀康（9月）・前田利長（9月？）

昇進～結城秀康（9月）
新任～結城秀康（不明、この年以前の可能性も）・羽柴秀頼（9月）

昇進～京極高次（6月以前）・前田利長（9月？）

新任～宇喜多秀隆（9月）

去官～宇都宮国綱（10月）
新任～青木重吉（7月）・福島正則（7月）・木下ヵ秀勝（9月）

昇進～福島正則（7月）
去官～村上通総（9月）
上杉諸大夫～須田満親（この年？）
新任～早川長成（1月）・桑原重俊（5月）・高田治忠（9月）・柴田安定（9月）・郡宗保（9月）・伏屋為長（9月）・小出秀家（9月）・水原吉勝（9月）・石尾治一（9月）・寺西是成（9月）・石川三長（9月）・小西長政（9月）・堀直政（9月）・石田朝成（9月）・松倉重政（9月）・某政良（9月）・某長治（9月）・某元近（9月）・某忠文（9月）・某賢忠（9月）・某是重（9月）・某正康（9月）・某保高（9月）・某盛吉（9月）・浅野長重（10月）・最上義康（10月）・分部光嘉（12月）

慶長２年（1597）

従一位	太政大臣	羽柴秀吉
正二位	内大臣	徳川家康
従二位		
正三位		
従三位	権大納言	前田利家
	権中納言	小早川秀秋・徳川秀忠・織田秀信・宇喜多秀家・上杉景勝・毛利輝元
	参議	
正四位上		
正四位下	参議	毛利秀元・織田秀雄・細川忠興・京極高次・結城秀康・前田利長
従四位上		
従四位下	中将	羽柴秀頼
	少将	伊達政宗
	侍従	丹羽長重・織田信秀・森忠政・池田輝政・稲葉貞通・筒井定次・吉川広家・島津義弘・立花宗茂・堀秀治・最上義光・木下勝俊・佐竹義宣・里見義康・宇喜多秀隆
正五位上		
正五位下		
従五位上		
従五位下	侍従	前田秀以・井伊直政・長宗我部元親・小早川秀包・宗義智・前田利政・京極高知・長谷川秀康ヵ・羽柴秀弘・青木重吉・福島正則・木下ヵ秀勝
	諸大夫	〔佐竹義重〕 津田重長・片桐且元・沢井雄重・中村一氏・大谷吉継・稲葉重通・尼子宗澄・石田三成・生駒親正・平勝次・平吉広・岡本良勝・九鬼嘉隆・宮部長凞・木下一元・日根野高吉・水野忠重・木下重堅・生駒某・一柳次郎兵衛・毛利高政・矢野某・田中吉政・宮部藤左衛門尉・氏家行広・日根野勘左衛門尉・丸毛親吉ヵ・多賀秀種・筑紫広門・某一正・杉原長房・富田信高・某之孝・某知盛・朽木元綱・柳川調信・佐竹義久・某重頼・某行貞・木下家定・生駒利豊・駒井重勝・某吉勝・某吉政・某宣武・田中吉次・福智政直・長束長吉・金森可重・大山一政・某勝政・駒井家親・浅野光良・徳永昌重・南部利直ヵ・津軽為信ヵ・佐野信吉・石田正澄・山中長俊・佐々行政・堀田一継・藤堂高吉・中川秀成・長束直吉・某政春・浅野勝正・真田昌幸・某重吉・某直正・山田正勝・須賀金直・松下重綱・日根野吉時・加藤貞泰・中島政長・百々綱家・湯浅長政・真田信之・真田信繁・勝田貞知・中川秀成・生駒直勝・朽木宣綱・石川光元・某宗信・小出秀政・宮城豊盛・富田貞高・羽柴尊信（織田？）・木下延重・太田一成・田丸直昌・関一政・早川長成・桑原重俊・高田治忠・柴田安定・郡宗保・伏屋為長・小出秀家・水原吉勝・石尾治一・寺西是成・石川三長・小西長政・堀直政・石田朝成・松倉重政・某政良・某長治・某元近・某忠文・某賢忠・某是重・某正康・某保高・某盛吉・浅野長重・最上義康・分部光嘉 毛利諸大夫～粟屋元貞・堅田元慶・渡辺長・口羽春良・出羽元勝・平佐元貞・児玉元次・粟屋元吉・福原広俊・柳沢元政・林元善・毛利元康・完戸元次・二宮就辰・椙杜元緑・熊谷元吉・益田元祥・天野元政・榎本元吉・熊谷元貞・林元善・福原元頼・乃美景尚 上杉諸大夫～直江兼続・千坂景親 徳川諸大夫～内藤政長・依田康勝・松平康重・永井直勝・三浦重成・平岩親吉・山高親重・内藤清成・奥平家昌・高力正長・阿部正勝・松平家乗・高山盛聡 秀秋諸大夫～松野重元 宇喜多諸大夫～岡貞綱 前田諸大夫～村井吉兵衛（長頼ヵ）・奥村永福・神谷守隆・奥村栄明・富田重政

新任～徳川家康（5月）
昇進～徳川家康（5月）
新任～小早川隆景（2月）
昇進～小早川隆景（2月） 新任～細川忠興（9月？）
昇進～細川忠興（9月？） 新任～伊達政宗（冬）
昇進～伊達政宗（冬）
新任～羽柴秀弘（3月）
去官～塩川満一（9月）・〔小笠原秀清（この年か）〕 徳川諸大夫～加々爪政尚（閏7月） 新任～某宗信（3月）・小出秀政（3月）・宮城豊盛（5月）・富田貞高（5月）・羽柴尊信（織田？）（5月）・木下延重（5月）・太田一成（8月）・田丸直昌（12月）・関一政（12月） 毛利諸大夫～椙杜元縁（4月）・熊谷元吉（5月）・益田元祥（5月）・天野元政（5月）・榎本元吉（5月）・熊谷元貞（5月）・林元善（5月）・福原元頼（5月）・乃美景尚（5月） 徳川諸大夫～山高親重（1月）・内藤清成（3月）・奥平家昌（3月）・高力正長（4月）・阿部正勝（5月）・松平家乗（5月）・高山盛聡（5月） 前田諸大夫～奥村栄明（3月）・富田重政（5月）

慶長元年（文禄５・1596）

従一位	太政大臣	羽柴秀吉
正二位	内大臣	徳川家康（５月～）
従二位	権大納言	
正三位		
従三位	権中納言	小早川秀秋・徳川秀忠・織田秀信・前田利家・宇喜多秀家・上杉景勝・毛利輝元・小早川隆景
	参議	
正四位上		
正四位下	参議	毛利秀元・織田秀雄・細川忠興
従四位上		
従四位下	中将	
	少将	結城秀康・前田利長・京極高次・伊達政宗
	侍従	丹羽長重・織田信秀・森忠政・池田輝政・稲葉貞通・筒井定次・吉川広家・島津義弘・立花宗茂・堀秀治・最上義光・木下勝俊・佐竹義宣・里見義康
正五位上		
正五位下		
従五位上		
従五位下	侍従	前田秀以・井伊直政・長宗我部元親・小早川秀包・宗義智・前田利政・京極高知・長谷川秀康ヵ・宇都宮国綱・**羽柴秀弘**
	諸大夫	〔佐竹義重〕 津田重長・福島正則・片桐且元・沢井雄重・中村一氏・大谷吉継・稲葉重通・尼子宗澄・石田三成・生駒親正・平勝次・平吉広・岡本良勝・九鬼嘉隆・宮部長凞・木下一元・日根野高吉・水野忠重・木下重堅・生駒某・一柳次郎兵衛・毛利高政・矢野某・田中吉政・宮部藤左衛門尉・氏家行広・日根野勘左衛門尉・丸毛親吉ヵ・多賀秀種・筑紫広門・某一正・杉原長房・富田信高・某之孝・某知盛・朽木元綱・柳川調信・佐竹義久・某重頼・某行貞・木下家定・生駒利豊・駒井重勝・某吉勝・某吉政・某宣武・田中吉次・福智政直・長束長吉・金森可重・大山一政・某勝政・駒井家親・浅野光良・徳永昌重・南部利直ヵ・津軽為信ヵ・佐野信吉・石田正澄・山中長俊・佐々行政・堀田一継・藤堂高吉・中川秀成・長束直吉・某政春・浅野勝正・真田昌幸・某重吉・某直正・山田正勝・須賀金直・松下重綱・日根野吉時・加藤貞泰・中島政長・百々綱家・湯浅長政・真田信之・真田信繁・勝田貞知・中川秀成・生駒直勝・村上通総・朽木宣綱・石川光元・**某宗信**・**小出秀政**・**宮城豊盛**・**富田貞高**・**羽柴尊信（織田？）**・**木下延重**・太田一成・**田丸直昌**・**関一政** 毛利諸大夫～粟屋元貞・堅田元慶・渡辺長・口羽春良・出羽元勝・平佐元貞・児玉元次・粟屋元吉・福原広俊・柳沢元政・林元善・毛利元康・完戸元次・二宮就辰・**椙杜元縁**・**熊谷元吉**・**益田元祥**・**天野元政**・**榎本元吉**・**熊谷元貞**・**林元善**・**福原元頼**・**乃美景尚** 上杉諸大夫～直江兼続・千坂景親・須田満親 徳川諸大夫～内藤政長・依田康勝・松平康重・永井直勝・三浦重成・平岩親吉・**山高親重**・**内藤清成**・**奥平家昌**・**高力正長**・**阿部正勝**・**松平家乗**・**高山盛聡** 秀秋諸大夫～松野重元 宇喜多諸大夫～岡貞綱 前田諸大夫～村井吉兵衛（長頼ヵ）・奥村永福・神谷守隆・**奥村栄明**・**富田重政**

去官～羽柴秀次（7月）
去官～羽柴秀次（7月）
去官～羽柴秀保（4月） 新任～毛利輝元（1月）
昇進～毛利輝元（1月）
去官～蒲生氏郷（2月） 新任～毛利秀元（1月）・小早川隆景（1月）・織田秀雄（7月以前）
新任～京極高次（この年か）
昇進～小早川隆景（1月）・京極高次（この年か）・織田秀雄（7月以前）
昇進～毛利秀元（1月）
新任～宇都宮国綱（3月）
去官～雀部重政（7月）・前野成直（7月？）・白江成定（7月）・長野右近（7月？）・久世又兵衛（7月？）・福島大之助（7月？）・木下吉隆（7月）・今枝重直（7月）・富田喜太郎（7月？）・粟野秀用（7月）・阿閉平右衛門（7月？）・某国綱（宇都宮？粟野？）（この年？）・津田重久（7月）・ 秀保諸大夫～中島政長（4月？） 新任～勝田貞知（1月）・中川秀成（1月）・生駒直勝（2月）・村上通総（2月）・朽木宣綱（6月）・石川光元（11月） 毛利諸大夫～毛利元康（2月）・宍戸元次（2月）・二宮就辰（11月） 徳川諸大夫～松平康重（3月）・永井直勝（3月）・三浦重成（3月）・加々爪政尚（3月）・平岩親吉（3月） 前田諸大夫～奥村永福（3月）・神谷守隆（3月）

文禄４年（1595）

従一位	太政大臣	羽柴秀吉
	関白	
	左大臣	
正二位		
従二位	権大納言	徳川家康
正三位		
従三位	権中納言	小早川秀秋・徳川秀忠・織田秀信・前田利家・宇喜多秀家・上杉景勝・**毛利輝元**
	参議	
正四位上		
正四位下	参議	毛利秀元・小早川隆景・織田秀雄
従四位上		
従四位下	中将	
	少将	結城秀康・細川忠興・蒲生氏郷・前田利長・京極高次
	侍従	丹羽長重・織田信秀・森忠政・池田輝政・稲葉貞通・筒井定次・吉川広家・島津義弘・立花宗茂・堀秀治・最上義光・木下勝俊・伊達政宗・佐竹義宣・里見義康
正五位上		
正五位下		
従五位上	侍従	
従五位下	侍従	前田秀以・井伊直政・長宗我部元親・小早川秀包・宗義智・前田利政・京極高知・長谷川秀康ヵ・宇都宮国綱
	諸大夫	〔佐竹義重・小笠原秀清〕 津田重長・福島正則・片桐且元・沢井雄重・中村一氏・大谷吉継・稲葉重通・尼子宗澄・石田三成・生駒親正・平勝次・平吉広・岡本良勝・九鬼嘉隆・宮部長熈・木下一元・日根野高吉・水野忠重・木下重堅・生駒某・一柳次郎兵衛・毛利高政・矢野某・田中吉政・宮部藤左衛門尉・氏家行広・日根野勘左衛門尉・丸毛親吉ヵ・多賀秀種・筑紫広門・某一正・杉原長房・富田信高・某之孝・某知盛・朽木元綱・柳川調信・佐竹義久・某重頼・某行貞・木下家定・生駒利豊・駒井重勝・某吉勝・某吉政・某宣武・田中吉次・福智政直・長束長吉・金森可重・大山一政・某勝政・駒井家親・浅野光良・徳永昌重・南部利直ヵ・津軽為信ヵ・佐野信吉・石田正澄・山中長俊・佐々行政・堀田一継・中川秀成・長束直吉・某政春・浅野勝正・真田昌幸・某重吉・塩川満一・某直正・山田正勝・須賀金直・松下重綱・日根野吉時・加藤貞泰・百々綱家・湯浅長政・真田信之・真田信繁・藤堂高吉・**勝田貞知・中川秀成・生駒直勝・村上通総**・朽木宣綱・石川光元 毛利諸大夫～粟屋元貞・堅田元慶・渡辺長・口羽春良・出羽元勝・平佐元貞・児玉元次・粟屋元吉・福原広俊・柳沢元政・林元善・**毛利元康・完戸元次・二宮就辰** 上杉諸大夫～直江兼続・千坂景親・須田満親 徳川諸大夫～内藤政長・依田康勝・**松平康重・永井直勝・三浦重成・加々爪政尚・平岩親吉** 秀秋諸大夫～松野重元 宇喜多諸大夫～岡貞綱 前田諸大夫～村井吉兵衛（長頼ヵ）・**奥村永福・神谷守隆**

新任〜前田利家（4月）・宇喜多秀家（10月）・上杉景勝（10月）
昇進〜前田利家（4月）・宇喜多秀家（10月）・上杉景勝（10月） 新任〜毛利輝元（1月）・前田利家（1月）
昇進〜毛利輝元（1月）・前田利家（1月） 新任〜蒲生氏郷（10月以前）
去官〜織田信兼（9月？）
昇進〜蒲生氏郷（10月以前）
新任〜佐竹義宣（4月）・里見義康（4月）・織田秀雄（10月以前）
去官〜〔織田信張（9月？）〕
去官〜佐竹義宣（4月）・里見義康（4月） 新任〜京極高知（1月）・長谷川秀康ヵ（1月）
去官〜 上杉諸大夫〜荻田長繁（10月） 新任〜中川秀成（1月）・長束直吉（2月）・某政春（2月）・今枝重直（2月）・浅野勝正（2月）・富田喜太郎（2月）・粟野秀用（2月）・阿閉平右衛門（2月）・真田昌幸（4月）・某重吉（7月）・塩川満一（7月）・某国綱（宇都宮？粟野？）（7月）・某直正（7月）・津田重久（7月）・山田正勝（7月）・須賀金直（7月）・松下重綱（7月）・日根野吉時（7月）・加藤貞泰（8月）・百々綱家（9月）・湯浅長政（10月）・真田信之（11月）・真田信繁（11月） 徳川諸大夫〜依田康勝（11月） 秀保諸大夫〜中島政長（8月） 前田諸大夫〜村井吉兵衛（長頼ヵ）（4月）

文禄３年（1594）

従一位	太政大臣	羽柴秀吉
	関白	羽柴秀次
	左大臣	羽柴秀次
正二位		
従二位	権大納言	徳川家康
正三位		
従三位	権中納言	羽柴秀保・小早川秀秋・徳川秀忠・織田秀信・前田利家・**宇喜多秀家**・上杉景勝
	参議	毛利輝元
正四位上		
正四位下	参議	蒲生氏郷
従四位上		
従四位下	中将	
	少将	結城秀康・細川忠興・前田利長
	侍従	丹羽長重・織田信秀・森忠政・池田輝政・稲葉貞通・筒井定次・小早川隆景・吉川広家・島津義弘・立花宗茂・堀秀治・最上義光・京極高次・木下勝俊・伊達政宗・**佐竹義宣**・里見義康・織田秀雄
正五位上		
正五位下		
従五位上	侍従	毛利秀元
	諸大夫	
従五位下	侍従	前田秀以・井伊直政・長宗我部元親・小早川秀包・宗義智・前田利政・**京極高知**・長谷川秀康ヵ
	諸大夫	〔佐竹義重・小笠原秀清〕 津田重長・福島正則・片桐且元・沢井雄重・中村一氏・大谷吉継・稲葉重通・尼子宗澄・石田三成・生駒親正・平勝次・平吉広・岡本良勝・九鬼嘉隆・宮部長熈・木下一元・日根野高吉・水野忠重・木下重堅・生駒某・一柳次郎兵衛・毛利高政・矢野某・田中吉政・宮部藤左衛門尉・氏家行広・日根野勘左衛門尉・丸毛親吉ヵ・多賀秀種・筑紫広門・某一正・杉原長房・富田信高・某之孝・某知盛・朽木元綱・柳川調信・佐竹義久・某重頼・某行貞・木下家定・生駒利豊・駒井重勝・某吉勝・某吉政・某宣武・雀部重政・田中吉次・福智政直・長束長吉・前野成直・金森可重・大山一政・某勝政・駒井家親・浅野光良・徳永昌重・白江成定・長野右近・久世又兵衛・福島大之助・南部利直ヵ・津軽為信ヵ・佐野信吉・石田正澄・木下吉隆・山中長俊・佐々行政・堀田一継・中川秀成・**長束直吉・某政春・今枝重直・浅野勝正**・富田喜太郎・粟野秀用・阿閉平右衛門・真田昌幸・**某重吉・塩川満一・某国綱（宇都宮？粟野？）・某直正・津田重久・山田正勝・須賀金直・松下重綱・日根野吉時・加藤貞泰・百々綱家・湯浅長政・真田信之・真田信繁** 毛利諸大夫～粟屋元貞・堅田元慶・渡辺長・口羽春良・出羽元勝・平佐元貞・児玉元次・粟屋元吉・福原広俊・柳沢元政・林元善 上杉諸大夫～直江兼続・千坂景親・須田満親 徳川諸大夫～内藤政長・**依田康勝** 秀秋諸大夫～松野重元 秀保諸大夫～藤堂高吉・**中島政長** 宇喜多諸大夫～岡貞綱 前田諸大夫～村井吉兵衛（長頼ヵ）

新任～織田秀信（5月以前）
新任～**前田利長**（閏9月）
昇進～織田秀信（5月以前）・前田利長（閏9月） **去官**～長谷川秀一（5月）・大友義統（5月）・毛利秀頼（閏9月） **新任**～京極高次（この年以前）・木下勝俊（この年以前）・伊達政宗（閏9月）
昇進～京極高次（この年以前）・木下勝俊（この年以前）・大友義乗（5月）・伊達政宗（閏9月）・ **新任**～**前田利政**（閏9月）
去官～波多親（5月？） **新任**～**石田正澄**（9月）・木下吉隆（10月）・**山中長俊**（10月）・佐々行政（10月）・堀田一継（10月） 毛利諸大夫～**柳沢元政**（10月）・**林元善**（10月） 秀保諸大夫～**藤堂高吉**（12月）

文禄２年（1593）

従一位	太政大臣	羽柴秀吉
	関白	羽柴秀次
	左大臣	羽柴秀次
正二位		
従二位	権大納言	徳川家康
正三位		
従三位	権中納言	羽柴秀保・小早川秀秋・徳川秀忠・織田秀信
	参議	宇喜多秀家・上杉景勝
正四位上		
正四位下		
従四位上		
従四位下	参議	毛利輝元・前田利家
	中将	織田信兼
	少将	結城秀康・細川忠興・蒲生氏郷・前田利長
	侍従	丹羽長重・織田信秀・森忠政・池田輝政・稲葉貞通・筒井定次・小早川隆景・吉川広家・島津義弘・立花宗茂・堀秀治・最上義光・京極高次・木下勝俊・伊達政宗
正五位上		
正五位下		
従五位上	侍従	毛利秀元
	諸大夫	〔織田信張〕
従五位下	侍従	前田秀以・井伊直政・長宗我部元親・小早川秀包・宗義智・佐竹義宣・里見義康・前田利政
	諸大夫	〔佐竹義重・小笠原秀清〕 津田重長・福島正則・片桐且元・沢井雄重・中村一氏・大谷吉継・稲葉重通・尼子宗澄・石田三成・生駒親正・平勝次・平吉広・岡本良勝・九鬼嘉隆・宮部長凞・木下一元・日根野高吉・水野忠重・木下重堅・生駒某・一柳次郎兵衛・毛利高政・矢野某・田中吉政・宮部藤左衛門尉・氏家行広・日根野勘左衛門尉・丸毛親吉ヵ・多賀秀種・筑紫広門・某一正・杉原長房・富田信高・某之孝・某知盛・朽木元綱・柳川調信・佐竹義久・某重頼・某行貞・木下家定・生駒利豊・駒井重勝・某吉勝・某吉政・某宣武・雀部重政・田中吉次・福智政直・長束長吉・前野成直・金森可重・大山一政・某勝政・駒井家親・浅野光良・徳永昌重・白江成定・長野右近・久世又兵衛・福島大之助・南部利直ヵ・津軽為信ヵ・佐野信吉・石田正澄・木下吉隆・山中長俊・佐々行政・堀田一継 毛利諸大夫～粟屋元貞・堅田元慶・渡辺長・口羽春良・出羽元勝・平佐元貞・児玉元次・粟屋元吉・福原広俊・柳沢元政・林元善 上杉諸大夫～直江兼続・千坂景親・荻田長繁・須田満親 徳川諸大夫～内藤政長 秀秋諸大夫～松野重元 秀保諸大夫～藤堂高吉 宇喜多諸大夫～岡貞綱

新任～羽柴秀次（5月）
新任～羽柴秀次（5月）
去官～羽柴秀次（5月）
昇進～羽柴秀次（5月） **新任～羽柴秀次**（1月）
去官～羽柴秀次（1月）
新任～羽柴秀保（1月）・**小早川秀秋**（1月）・**徳川秀忠**（9月）
去官～羽柴秀保（1月）・小早川秀秋（1月）・徳川秀忠（9月）・羽柴秀勝（9月） **新任～羽柴秀勝**（1月）
昇進～羽柴秀勝（1月）
新任～毛利秀元（8月）
去官～ 上杉諸大夫～色部長真（9月） 徳川諸大夫～松平ヵ忠長（奥平家治ヵ）（3月） **新任～福智政直**（1月）・**長束長吉**（1月）・**前野成直**（1月）・**金森可重**（1月）・**大山一政**（1月）・**某勝政**（1月）・**駒井家親**（1月）・**浅野光良**（1月）・徳永昌重（1月）・白江成定（1月）・長野右近（1月）・久世又兵衛（1月）・福島大之助（1月）・南部利直ヵ（1月）・津軽為信ヵ（1月）・**佐野信吉**（9月） 秀秋諸大夫～**松野重元**（1月） 宇喜多諸大夫～岡貞綱（8月）

文禄元年（天正 20・1592）

従一位	太政大臣	羽柴秀吉
	関白	**羽柴秀次**（5月～）
	左大臣	**羽柴秀次**（5月～）
正二位	関白	
	左大臣	
	内大臣	
従二位	権大納言	徳川家康
正三位		
従三位	権中納言	**羽柴秀保・小早川秀秋・徳川秀忠**
	参議	宇喜多秀家・上杉景勝
正四位上		
正四位下		
従四位上		
従四位下	参議	毛利輝元・前田利家
	中将	織田信兼
	少将	結城秀康・細川忠興・蒲生氏郷
	侍従	丹羽長重・織田信秀・長谷川秀一・森忠政・織田秀信・前田利長・毛利秀頼・池田輝政・稲葉貞通・大友義統・筒井定次・小早川隆景・吉川広家・島津義弘・立花宗茂・堀秀治・最上義光
正五位上		
正五位下		
従五位上	侍従	**毛利秀元**
	諸大夫	〔織田信張〕
従五位下	侍従	前田秀以・井伊直政・長宗我部元親・京極高次・木下勝俊・大友義乗・小早川秀包・宗義智・佐竹義宣・伊達政宗・里見義康
	諸大夫	〔佐竹義重・小笠原秀清〕 津田重長・福島正則・片桐且元・沢井雄重・中村一氏・大谷吉継・稲葉重通・尼子宗澄・石田三成・生駒親正・平勝次・平吉広・岡本良勝・九鬼嘉隆・宮部長熈・木下一元・日根野高吉・水野忠重・木下重堅・生駒某・一柳次郎兵衛・毛利高政・矢野某・田中吉政・宮部藤左衛門尉・氏家行広・日根野勘左衛門尉・丸毛親吉ヵ・多賀秀種・筑紫広門・波多親・某一正・杉原長房・富田信高・某之孝・某知盛・朽木元綱・柳川調信・佐竹義久・某重頼・某行貞・木下家定・生駒利豊・駒井重勝・某吉勝・某吉政・某宣武・雀部重政・田中吉次・**福智政直・長束長吉・前野成直・金森可重・大山一政・某勝政・駒井家親・浅野光良**・徳永昌重・白江成定・長野右近・久世又兵衛・福島大之助・南部利直ヵ・津軽為信ヵ・**佐野信吉** 毛利諸大夫～粟屋元貞・堅田元慶・渡辺長・口羽春良・出羽元勝・平佐元貞・児玉元次・粟屋元吉・福原広俊 上杉諸大夫～直江兼続・千坂景親・荻田長繁・須田満親 徳川諸大夫～内藤政長 秀秋諸大夫～**松野重元** 宇喜多諸大夫～岡貞綱

去官～羽柴秀吉（12月）
新任～羽柴秀次（12月）
新任～羽柴秀次（12月）
昇進～羽柴秀次（12月） 新任～羽柴秀次（11月）
去官～羽柴秀長（1月）
昇進～羽柴秀次（11月）
新任～羽柴秀保（9月）・小早川秀秋（10月）・徳川秀忠（11月）
昇進～羽柴秀保（9月）・小早川秀秋（10月）・徳川秀忠（11月） 新任～堀秀治（1月）・最上義光（閏1月）
昇進～堀秀治（1月）・最上義光（閏1月） 新任～佐竹義宣（1月）・最上義光（1月）・伊達政宗（2月）・里見義康（3月）
去官～南条元続（7月）・大宝寺義勝（この年） 新任～佐竹義久（1月）・某重頼（1月）・某行貞（2月）・木下家定（9月）・生駒利豊（11月）・駒井重勝（11月）・某吉勝（11月）・某吉政（11月）・某宣武（11月）・雀部重政（11月）・田中吉次（12月）

天正 19 年（1591）

従一位	関白	
	太政大臣	羽柴秀吉
正二位	関白	**羽柴秀次**
	内大臣	**羽柴秀次**
	権大納言	
従二位	権大納言	徳川家康
	権中納言	
正三位	権中納言	
従三位	権大納言	
	権中納言	
	参議	宇喜多秀家・上杉景勝
正四位上		
正四位下	参議	毛利輝元・前田利家・羽柴秀保・小早川秀秋・徳川秀忠
従四位上		
従四位下	中将	織田信兼
	少将	結城秀康・羽柴秀勝・細川忠興・蒲生氏郷
	侍従	丹羽長重・織田信秀・長谷川秀一・森忠政・織田秀信・前田利長・毛利秀頼・池田輝政・稲葉貞通・大友義統・筒井定次・小早川隆景・吉川広家・島津義弘・立花宗茂・**堀秀治**・最上義光
	諸大夫	
正五位上		
正五位下		
従五位上	諸大夫	〔織田信張〕
従五位下	侍従	前田秀以・井伊直政・長宗我部元親・京極高次・木下勝俊・大友義乗・小早川秀包・宗義智・佐竹義宣・伊達政宗・里見義康
	諸大夫	〔佐竹義重・小笠原秀清〕 津田重長・福島正則・片桐且元・沢井雄重・中村一氏・大谷吉継・稲葉重通・尼子宗澄・石田三成・生駒親正・平勝次・平吉広・岡本良勝・九鬼嘉隆・宮部長凞・木下一元・日根野高吉・水野忠重・木下重堅・生駒某・一柳次郎兵衛・毛利高政・矢野某・田中吉政・宮部藤左衛門尉・氏家行広・日根野勘左衛門尉・丸毛親吉ヵ・多賀秀種・筑紫広門・波多親・某一正・杉原長房・富田信高・某之孝・某知盛・朽木元綱・柳川調信・**佐竹義久・某重頼・某行貞・木下家定・生駒利豊・駒井重勝・某吉勝・某吉政・某宣武・雀部重政・田中吉次** 毛利諸大夫～粟屋元貞・堅田元慶・渡辺長・口羽春良・出羽元勝・平佐元貞・児玉元次・粟屋元吉・福原広俊 上杉諸大夫～直江兼続・千坂景親・色部長真・荻田長繁・須田満親 徳川諸大夫～内藤政長・松平ヵ忠長（奥平家治ヵ）

織田信雄（7月）
新任～前田利家（1月）
昇進～前田利家（1月）
去官～堀秀政（5月）・織田長益（7月？） 新任～徳川秀忠（12月）
新任～堀秀治（11月）・宗義智（11月）
去官～〔江戸重通（12月）〕・施薬院秀隆（この年） 新任～杉原長房（1月）・富田信高（10月）・某之孝（10月）・某知盛（10月）・朽木元綱（11月）・柳川調信（11月） 徳川諸大夫～松平ヵ忠長（奥平家治ヵ）（12月）

天正 18 年（1590）

従一位	関白	羽柴秀吉
	太政大臣	羽柴秀吉
正二位	内大臣	
	権大納言	
従二位	権大納言	徳川家康・羽柴秀長
	権中納言	羽柴秀次
正三位		
従三位	権大納言	
	権中納言	
	参議	宇喜多秀家・上杉景勝
正四位上		
正四位下	参議	毛利輝元・**前田利家**
従四位上		
従四位下	中将	織田信兼
	少将	結城秀康・羽柴秀勝・細川忠興・蒲生氏郷
	侍従	丹羽長重・織田信秀・長谷川秀一・森忠政・羽柴秀保・小早川秀秋・織田秀信・前田利長・毛利秀頼・池田輝政・稲葉貞通・大友義統・筒井定次・小早川隆景・吉川広家・島津義弘・立花宗茂・**徳川秀忠**
	諸大夫	
正五位上		
正五位下		
従五位上	諸大夫	〔織田信張〕
従五位下	侍従	前田秀以・井伊直政・長宗我部元親・京極高次・木下勝俊・大友義乗・小早川秀包・**堀秀治**・宗義智
	諸大夫	〔佐竹義重・小笠原秀清〕 津田重長・福島正則・片桐且元・沢井雄重・中村一氏・大谷吉継・稲葉重通・尼子宗澄・石田三成・生駒親正・平勝次・平吉広・岡本良勝・九鬼嘉隆・宮部長熈・木下一元・日根野高吉・水野忠重・木下重堅・南条元続・生駒某・一柳次郎兵衛・毛利高政・矢野某・田中吉政・宮部藤左衛門尉・氏家行広・日根野勘左衛門尉・丸毛親吉ヵ・多賀秀種・筑紫広門・波多親・大宝寺義勝・某一正・杉原長房・**富田信高・某之孝・某知盛・朽木元綱**・柳川調信 毛利諸大夫～粟屋元貞・堅田元慶・渡辺長・口羽春良・出羽元勝・平佐元貞・児玉元次・粟屋元吉・福原広俊 上杉諸大夫～直江兼続・千坂景親・色部長真・荻田長繁・須田満親 徳川諸大夫～内藤政長・**松平ヵ忠長（奥平家治ヵ）**（12 月～）

新任～織田信兼（11月以前）・前田利家（12月以前）
昇進～織田信兼（11月以前）・前田利家（12月以前） 去官～蜂屋頼隆（10月） 新任～蒲生氏郷（11月以前）
昇進～蒲生氏郷（11月以前） 去官～津川義康（この頃？）
新任～大友義乗（5月）・小早川秀包（7月）
新任～筑紫広門（3月）・波多親（3月）・大宝寺義勝（7月）・某一正（12月） 毛利諸大夫～出羽元勝（7月）・平佐元貞（7月）・児玉元次（7月）・粟屋元吉（7月）・福原広俊（7月） 上杉諸大夫～須田満親（12月） 徳川諸大夫～内藤政長（3月）

天正 17 年（1589）

従一位	関白	羽柴秀吉
	太政大臣	羽柴秀吉
正二位	内大臣	織田信雄
	権大納言	
従二位	権大納言	徳川家康・羽柴秀長
	権中納言	羽柴秀次
正三位		
従三位	権大納言	
	権中納言	
	参議	宇喜多秀家・上杉景勝
正四位上		
正四位下	参議	毛利輝元
従四位上		
従四位下	中将	織田信兼・前田利家
	少将	結城秀康・羽柴秀勝・細川忠興・蒲生氏郷
	侍従	丹羽長重・織田信秀・長谷川秀一・森忠政・羽柴秀保・小早川秀秋・織田秀信・前田利長・堀秀政・毛利秀頼・織田長益・池田輝政・稲葉貞通・大友義統・筒井定次・小早川隆景・吉川広家・島津義弘・立花宗茂
	諸大夫	
正五位上		
正五位下		
従五位上	諸大夫	〔織田信張〕
従五位下	侍従	前田秀以・井伊直政・長宗我部元親・京極高次・木下勝俊・大友義乗・小早川秀包
	諸大夫	〔佐竹義重・小笠原秀清・江戸重通〕 津田重長・福島正則・片桐且元・沢井雄重・中村一氏・大谷吉継・稲葉重通・尼子宗澄・石田三成・生駒親正・平勝次・平吉広・施薬院秀隆・岡本良勝・九鬼嘉隆・宮部長凞・木下一元・日根野高吉・水野忠重・木下重堅・南条元続・生駒某・一柳次郎兵衛・毛利高政・矢野某・田中吉政・宮部藤左衛門尉・氏家行広・日根野勘左衛門尉・丸毛親吉ヵ・多賀秀種・筑紫広門・波多親・大宝寺義勝・某一正 毛利諸大夫～粟屋元貞・堅田元慶・渡辺長・口羽春良・出羽元勝・平佐元貞・児玉元次・粟屋元吉・福原広俊 上杉諸大夫～直江兼続・千坂景親・色部長真・荻田長繁・須田満親 徳川諸大夫～内藤政長

新任～羽柴秀次（4月）
去官～足利義昭（1月）
昇進～羽柴秀次（4月）
新任～宇喜多秀家（4月）・上杉景勝（5月）
昇進～宇喜多秀家（4月） 新任～**毛利輝元**（7月）
昇進～**上杉景勝**（5月） 新任～前田利家（4月以前？）・織田信兼（4月以前？）・結城秀康（4月以前）・羽柴秀勝（4月以前？）・細川忠興（8月以前）・蜂屋頼隆（8月以前）
昇進～結城秀康（4月以前）・細川忠興（8月以前）蜂屋頼隆（8月以前）・**毛利輝元**（7月） 去官～龍造寺政家（11月） 新任～丹羽長重（4月以前）・細川忠興（4月以前）・長谷川秀一（4月以前）・羽柴秀保（4月以前）・小早川秀秋（4月以前）・織田秀信（4月以前）・前田利長（4月以前）・津川義康（4月以前）・堀秀政（4月以前）・蒲生氏郷（4月）・毛利秀頼（4月以前）・織田長益（4月以前）・池田輝政（4月以前）・稲葉貞通（4月以前）・大友義統（4月以前）・筒井定次（4月以前）・**毛利輝元**（7月）・**小早川隆景**（7月）・**吉川広家**（7月）・**島津義弘**（7月）・**立花宗茂**（7月）・**龍造寺政家**（7月）
昇進～織田信兼（4月以前？）・前田利家（4月以前？）・羽柴秀勝（4月以前？）
昇進～丹羽長重（4月以前）・細川忠興（4月以前）・津川義康（4月以前）・毛利秀頼（4月以前）・堀秀政（4月以前）・筒井定次（4月以前）・前田利長（4月以前）・池田輝政（4月以前）・蒲生氏郷（4月以前）・**稲葉貞通**（4月？）・大友義統（4月？）・**島津義弘**（7月）・**立花宗茂**（7月）・**龍造寺政家**（7月）・**小早川隆景**（7月）・**吉川広家**（7月） 去官～佐々成政（閏5月） 新任～**稲葉貞通**（1月）・**大友義統**（3月）・長宗我部元親（4月）・京極高次（4月）・木下勝俊（4月以前）・**島津義弘**（6月）・**立花宗茂**（7月）・**龍造寺政家**（7月）・**小早川隆景**（7月）・**吉川広家**（7月）
昇進～長宗我部元親（4月） 去官～酒井忠次（10月） 新任～長宗我部元親（1月）・一柳次郎兵衛（2月）・毛利高政（2月）・矢野某（2月）・田中吉政（3月）・宮部藤左衛門尉（3月）・氏家行広（3月）・日根野勘左衛門尉（3月）・丸毛親吉ヵ（4月）・**多賀秀種**（4月） 毛利諸大夫～**粟屋元貞**（7月）・**堅田元慶**（7月）・**渡辺長**（7月）・**口羽春良**（7月） 上杉諸大夫～**直江兼続**（8月）・**千坂景親**（8月）・**色部長真**（8月）・**荻田長繁**（8月）

天正 16 年（1588）

従一位	関白	羽柴秀吉
	太政大臣	羽柴秀吉
正二位	内大臣	織田信雄
	権大納言	
従二位	権大納言	徳川家康・羽柴秀長
正三位	権中納言	羽柴秀次
従三位	権大納言	
	権中納言	
	参議	宇喜多秀家・上杉景勝
正四位上		
正四位下	参議	毛利輝元
従四位上		
従四位下	中将	
	少将	前田利家・織田信兼・結城秀康・羽柴秀勝・細川忠興・蜂屋頼隆
	侍従	丹羽長重・織田信秀・長谷川秀一・森忠政・羽柴秀保・小早川秀秋・織田秀信・前田利長・津川義康・堀秀政・蒲生氏郷・毛利秀頼・織田長益・池田輝政・稲葉貞通・大友義統・筒井定次・小早川隆景・吉川広家・島津義弘・立花宗茂
	諸大夫	
正五位上		
正五位下		
従五位上	諸大夫	〔織田信張〕
従五位下	少将	
	侍従	前田秀以・井伊直政・長宗我部元親・京極高次・木下勝俊
	諸大夫	〔佐竹義重・小笠原秀清・江戸重通〕 津田重長・福島正則・片桐且元・沢井雄重・中村一氏・大谷吉継・稲葉重通・尼子宗澄・石田三成・生駒親正・平勝次・平吉広・施薬院秀隆・岡本良勝・九鬼嘉隆・宮部長凞・木下一元・日根野高吉・水野忠重・木下重堅・南条元続・生駒某・一柳次郎兵衛・毛利高政・矢野某・田中吉政・宮部藤左衛門尉・氏家行広・日根野勘左衛門尉・丸毛親吉カ・多賀秀種 毛利諸大夫～粟屋元貞・堅田元慶・渡辺長・口羽春良 上杉諸大夫～直江兼続・千坂景親・色部長真・荻田長繁

新任～織田信雄（11月）
昇進～織田信雄（11月） 新任～織田信雄（8月）
昇進～織田信雄（8月） 新任～徳川家康（8月）・羽柴秀長（8月）
昇進～徳川家康（8月）・羽柴秀長（8月）
新任～羽柴秀次（11月）
昇進～羽柴秀次（11月） 新任～宇喜多秀家（11月）
昇進～森忠政（2月）
去官～〔島津義久（5月）〕
去官～〔安東愛季（9月）〕
昇進～宇喜多秀家（11月）
昇進～森忠政（2月） 新任～酒井忠次（2月）・水野忠重（7月）・木下重堅（7月）・南条元続（7月）・生駒某（7月）

天正 15 年（1587）

従一位	関白	羽柴秀吉
	太政大臣	羽柴秀吉
正二位	内大臣	織田信雄
	権大納言	
従二位	権大納言	徳川家康・羽柴秀長
正三位	権中納言	
従三位	権大納言	〔足利義昭〕
	権中納言	羽柴秀次
正四位上		
正四位下	参議	宇喜多秀家
従四位上		
従四位下	中将	
	少将	上杉景勝
	侍従	織田信秀・長谷川秀一・蜂屋頼隆・**森忠政**
	諸大夫	
正五位上		
正五位下		
従五位上	侍従	
	諸大夫	〔織田信張〕
従五位下	少将	織田信兼・前田利家・羽柴秀勝
	侍従	稲葉典通・結城秀康・丹羽長重・細川忠興・津川義康・毛利秀頼・堀秀政・前田秀以・筒井定次・佐々成政・前田利長・池田輝政・井伊直政・蒲生氏郷
	諸大夫	〔佐竹義重・大友義統・小笠原秀清・江戸重通〕 津田重長・福島正則・片桐且元・沢井雄重・中村一氏・大谷吉継・稲葉重通・尼子宗澄・石田三成・生駒親正・平勝次・平吉広・施薬院秀隆・岡本良勝・九鬼嘉隆・宮部長凞・木下一元・日根野高吉・酒井忠次・**水野忠重**・木下重堅・南条元続・生駒某

新任～羽柴秀吉（12 月）
新任～織田信雄（11 月）
昇進～織田信雄（11 月）
昇進～徳川家康（11 月）・羽柴秀長（11 月）
昇進～羽柴秀長（11 月）
新任～羽柴秀次（11 月）
昇進～羽柴秀次（11 月） **新任**～羽柴秀次（？）
昇進～羽柴秀次（？） **新任**～上杉景勝（6）
新任～織田信秀（2 月）・長谷川秀一（4 月）・蜂屋頼隆（6 月）
去官～〔吉川元春（11 月）〕
新任～織田信兼（3 月）・前田利家（3 月）・羽柴秀勝（12 月以前）・宇喜多秀家（12 月以前）
昇進～宇喜多秀家（12 月以前）・織田信秀（2 月）・蜂屋頼隆（6 月）・長谷川秀一（4 月） **新任**～長谷川秀一（1 月）・堀秀政（1 月）・前田秀以（1 月）・筒井定次（1 月）・佐々成政（1 月）前田利長（6 月）・池田輝政（10 月以前）・**井伊直政**（11 月）・蒲生氏郷（12 月以前）
新任～**施薬院秀隆**（1 月）・岡本良勝（1 月）・九鬼嘉隆（1 月）・**宮部長凞**（11 月）・木下一元（11 月）・日根野高吉（11 月）

天正 14 年（1586）

従一位	関白	羽柴秀吉
	太政大臣	羽柴秀吉
正二位		
従二位	権大納言	織田信雄
正三位	権大納言	
	権中納言	徳川家康・羽柴秀長
従三位	権大納言	〔足利義昭〕
	参議	
正四位上		
正四位下	参議	羽柴秀次
従四位上		
従四位下	中将	
	少将	上杉景勝
	侍従	織田信秀・長谷川秀一・蜂屋頼隆
	諸大夫	〔島津義久〕
正五位上		
正五位下		
従五位上	侍従	〔安東愛季〕
	諸大夫	〔織田信張〕
従五位下	少将	織田信兼・前田利家・羽柴秀勝・宇喜多秀家
	侍従	稲葉典通・結城秀康・丹羽長重・細川忠興・津川義康・毛利秀頼・堀秀政・前田秀以・筒井定次・佐々成政・前田利長・池田輝政・井伊直政・蒲生氏郷
	諸大夫	〔佐竹義重・大友義統・小笠原秀清・江戸重通〕 津田重長・福島正則・片桐且元・森忠政・沢井雄重・中村一氏・大谷吉継・稲葉重通・尼子宗澄・石田三成・生駒親正・平勝次・平吉広・施薬院秀隆・岡本良勝・九鬼嘉隆・宮部長熈・木下一元・日根野高吉

新任～羽柴秀吉（7月）
昇進～羽柴秀吉（7月） **新任**～羽柴秀吉（3月）
新任～織田信雄（7月以降？）
昇進～羽柴秀吉（3月）・織田信雄（7月？） **新任**～織田信雄（3月）
新任～羽柴秀長（10月）
昇進～羽柴秀長（10月） **新任**～羽柴秀長（9月）
新任～羽柴秀次（10月）
昇進～〔織田信雄（3月）〕
新任～稲葉典通（10月）・結城秀康（10月）・宇喜多秀家（10月）・丹羽長重（10月）・細川忠興（10月）・織田信秀（10月）・毛利秀頼（10月）・蜂屋頼隆（10月）・津川義康（10月）
新任～津田重長（7月）**・福島正則**（7月）・中村一氏（7月）・大谷吉継（7月）・稲葉重通（7月）・尼子宗澄（7月）・石田三成（7月）・生駒親正（7月）・平勝次（7月）・平吉広（7月）**・片桐且元**（10月）**・森忠政**（10月）**・沢井雄重**（10月）

天正13年（1585）

従一位	関白	羽柴秀吉
正二位	内大臣	
従二位		
正三位	権大納言	織田信雄
従三位	権大納言	〔足利義昭〕
	参議	羽柴秀長
	中将	
正四位上		
正四位下		
従四位上		
従四位下	少将	羽柴秀次
	侍従	
	諸大夫	〔島津義久・吉川元春〕
正五位上		
正五位下	中将	
従五位上	侍従	〔安東愛季〕
	諸大夫	〔織田信張〕
従五位下	侍従	**稲葉典通**・結城秀康・宇喜多秀家・丹羽長重・細川忠興・織田信秀・毛利秀頼・蜂屋頼隆・津川義康
	諸大夫	〔佐竹義重・大友義統・小笠原秀清・江戸重通・徳川家康〕**津田重長**・**福島正則**・中村一氏・大谷吉継・稲葉重通・尼子宗澄・石田三成・生駒親正・平勝次・平吉広・**片桐且元**・**森忠政**・**沢井雄重**

新任～羽柴秀吉（11 月）
昇進～羽柴秀吉（11 月） 新任～羽柴秀吉（10 月）

天正 12 年（1584）

従一位		
正二位		
従二位		
正三位		
従三位	権大納言	〔足利義昭〕・羽柴秀吉
正四位上		
正四位下		
従四位上		
従四位下	諸大夫	〔吉川元春・島津義久〕
正五位上		
正五位下	中将	〔織田信雄〕
従五位上	侍従	〔安東愛季〕
	諸大夫	〔織田信張〕
従五位下	少将	
	諸大夫	〔佐竹義重・大友義統・小笠原秀清・江戸重通・徳川家康〕

去官～〔織田信孝（5月）〕

天正 11 年（1583）

従一位		
正二位		
従二位		
正三位		
従三位	権大納言	〔足利義昭〕
正四位上		
正四位下		
従四位上		
従四位下	諸大夫	〔吉川元春・島津義久〕
正五位上	中将	〔織田信雄〕
正五位下		
従五位上	侍従	〔安東愛季〕
	諸大夫	〔織田信張〕
従五位下	侍従	
	諸大夫	〔佐竹義重・大友義統・小笠原秀清・江戸重通・徳川家康〕

去官～〔織田信長（6月）〕
去官～〔織田信忠（6月）〕

天正 10 年（1582）

従一位		
正二位	前右大臣	
従二位		
正三位		
従三位	権大納言	〔足利義昭〕
	中将	
正四位上		
正四位下	諸大夫	〔吉川元春・島津義久〕
従四位上		
従四位下		
正五位上		
正五位下	中将	〔織田信雄〕
従五位上	侍従	〔安東愛季〕
	諸大夫	〔織田信張〕
従五位下	侍従	〔織田信孝〕
	諸大夫	〔佐竹義重・大友義統・小笠原秀清・江戸重通・徳川家康〕

位　階　表

（天正 10 年〜慶長 5 年）


◉本表は、古記録・口宣案・文書から判明する、従五位下以上の官位を有する者を示している。系図・家譜類で叙任されたとあってもそれは用いず、死亡年代のみ参照している。

左では、各年末の時点での状況を示し、右では、その年にあった異動を示している。

◉昇進は、ここでは上位の官・位へ昇進したことを指す。

◉去官は、死去・出家・改易などによる。諸大夫の官途や侍従などは改易後も用いている場合があるが、ここでは豊臣政権の中での秩序から除外されたとしている。

◉新任は、便宜的に叙任・叙位・任官のいずれかに該当する場合を示す。

◉関ヶ原の合戦の結果改易された者は、8・9 月に没落・死去していることがはっきりしている者以外は、便宜 10 月にされたことにしている。

◉太字は口宣案により分かるものを示している。

◉亀甲括弧内は天正 10 年以前に叙任された者を示す。なお天正 10 年までに出家している者は除外した。

◉北畠・姉小路（三木氏を含む）一族は、叙任が公家に准じているので除外した（信雄のみ例外的に示す）。

【ら】

【わ】

【や】

【ま】

【は】

【た】

【な】

【さ】

【か】

◎索　引◎

※ 口宣案本文および参考文書に出てくる人名を抽出した。
※ 同項目が同一ページ内に多出する場合、1回のみの立項とした。
※ 参考文書に出てくるページ番号には、* を付した。

【あ】

【編者略歴】

木下　聡（きのした　さとし）

一九七六年岐阜県関市に生まれる。

二〇〇七年東京大学大学院人文社会系研究科博士課程単位取得退学。博士（文学）。

現在、東京大学大学院人文社会系研究科助教。

著書『中世武家官位の研究』（吉川弘文館）、
編著『全国官途状・加冠状・一字状目録』（日本史史料研究会）、『美濃斎藤氏』（岩田書院）、『管領斯波氏』（戎光祥出版）、『若狭武田氏』（戎光祥出版）など。

豊臣期武家口宣案集

二〇一七年一〇月一〇日　初版印刷
二〇一七年一〇月二〇日　初版発行

編　者　木下　聡
発行者　大橋信夫
ＤＴＰ　株式会社明昌堂
印刷・製本　中央精版印刷株式会社

発行所　株式会社　東京堂出版
東京都千代田区神田神保町一―一七（〒一〇一―〇〇五一）
電話　〇三―三二三三―三七四一
http://www.tokyodoshuppan.com/

ISBN978-4-490-20970-9 C3321